Englische Möbel
im Lauf der Jahrhunderte

Brian Austen

Desk & Bookcase.

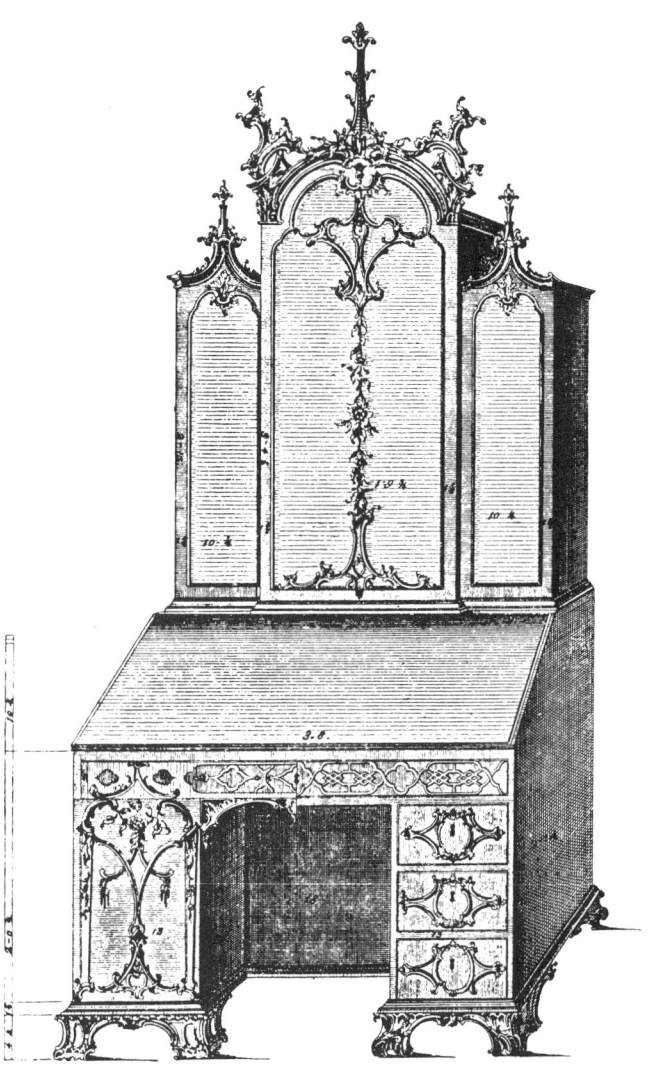

T. Chippendale inv.t et del.   Pub.d according to Act of Parliament 1753   Darly sculp

Brian Austen

Englische Möbel im Lauf der Jahrhunderte

Eine Entwicklungs- und
Formengeschichte
des englischen Möbels

Keysersche Verlagsbuchhandlung
München

© Brian Austen 1974
Originally published in the English language
by W. Foulsham & Co Limited, England

Übersetzung: Susanne Haisch

ISBN 3-87405-094-7
© Keysersche Verlagsbuchhandlung, München 1975
Gesamtherstellung: Ernst Kieser KG, Augsburg
Alle Rechte vorbehalten
Printed in Germany

Inhaltsverzeichnis

Danksagung

Den folgenden Personen und Institutionen sei für ihre großzügige
Unterstützung besonderer Dank gesagt:
Der Abteilung für Holzarbeiten im Victoria & Albert Museum in
London, die in freundlichem Entgegenkommen Möbelstücke zur
Abbildung in diesem Buch bereitstellte und G. C. Miller, der die
entsprechenden Skizzen und Konstruktionszeichnungen anfertigte;
J. Daniels vom Geffrye Museum, der die Erlaubnis zum Photogra-
phieren von Ausstellungsstücken erteilte; weiter H. Blairman &
Sons, M. Harris & Sons, Hotspur Limited, Mallett & Sons, Spink &
Son Limited und den deutschen Firmen Dry v. Zezschwitz, Mün-
chen, und Schröder und Leisewitz, Bremen, die freundlicherweise
Photomaterial überließen, schließlich E. T. Joy, der die fachkundige
Durchsicht des Textes übernahm. Für seine wertvollen Ratschläge
und Anregungen ist ihm der Autor sehr verbunden.

1. Sitzmöbel

In Museen und Privatsammlungen finden sich nur wenige Stühle, die mehr als vierhundert Jahre alt sind, nicht nur deshalb, weil seit dem 16. Jahrhundert ein so langer Zeitraum vergangen ist, sondern auch, weil der Stuhl im Mittelalter ein Statussymbol darstellte und ausschließlich Personen von Stand vorbehalten war. Der niedere Adel und erst recht das einfache Volk saß auf Bänken und Hockern, von denen damals offenbar sehr viele hergestellt wurden. Im 16. Jahrhundert wurde der Stuhl mehr und mehr zu einem allgemeinen Ausstattungselement. Er verlor allmählich seine Bedeutung als Privileg der höheren Stände; allerdings noch nicht bei offiziellen Anlässen – und vor allem nicht bei Hof. Dort hielt sich seine Bedeutung als Standesprivileg noch bis weit ins 18. Jahrhundert hinein. Als im Jahre 1604 König James I. den Konnetablen von Kastilien in Whitehall empfing, durften sich nur der König und die Königin auf einen Stuhl setzten; selbst der vornehme Gast mußte auf einem Schemel, dem allerdings ein Kissen aufgelegt wurde, Platz nehmen. Eine ähnliche Etikette wurde nach der Restauration durch Charles II. bei Hof und auch in Privathäusern beachtet. Als Cosimo III., Herzog der Toskana, 1669 Wilton House besuchte, gewährte er seinen Gastgebern eine besondere Gunst: Sie durften, ebenso wie er, auf einem Stuhl Platz nehmen, während sich die übrige Gesellschaft mit Hockern und Schemeln begnügen mußte.

Der Stuhl als Statussymbol

Den Brauch, dem gesellschaftlichen Rang mit den entsprechenden Sitzgelegenheiten Ausdruck zu verleihen, belegt ohne Zweifel die große Zahl der Hocker, die in zeitgenössischen Inventaren aufgeführt ist. So besaß z. B. Lord Lunley 1590 in seinen diversen Häusern (Nonsuch Palace, Lumley Castle in Yorkshire, Tower Hill in London und Standsted in Sussex) zwar nur 76 Stühle, dafür aber

*Schemel in
Bockkonstruk-
tion*

255 Hocker, von denen 80 gepolstert waren. Dies mag zum Teil erklären, warum bis in die Mitte des 18. Jahrhunderts hinein zu Sitzmöbelgruppen passende Hocker gehörten.

Im 16. Jahrhundert waren die gebräuchlichsten Schemel nach Art eines Bockes konstruiert. Sie bestanden aus Wangen, einem Sitz und Zargen, wobei Form und Schnitzerei (soweit vorhanden) gotischen Einfluß zeigten (Abbildung 1 a). Hocker und Bänke dieser Konstruktionsart wurden von Zimmerleuten angefertigt. Gegen Ende des 16. Jahrhunderts jedoch kamen *Pfostenhocker* (in zeitgenössischen Inventaren ›*joint stools*‹ – zusammengefügte Hocker genannt) in Gebrauch (Abbildung 1 b). Sie standen auf vier schrägen, gedrechselten Balusterbeinen, in die der Rahmen und die Querbretter verzapft waren. Wie bei allen Möbeln jener Zeit wurde beim Zusammenfügen der einzelnen Teile kein Leim verwendet – man arbeitete mit Bohrlöchern, Zapfen oder Dübeln. *Pfostenhocker* oder *-bänke* erforderten bei der Ausführung größeres Geschick und wurden daher von Tischlern gearbeitet. Schemel späterer Zeit folgten einer ähnlichen stilistischen Entwicklung wie die Stühle. Seit Beginn des 17. Jahrhunderts wurden sie vielfach gepolstert; ab 1660

*1 a Schemel in Bockkonstruktion aus Eiche,
1. Hälfte des 16. Jahrhunderts. Die beiden
schräggestellten Wangen und die Zargen sind
bogenförmig ausgeschnitten. (Victoria &
Albert Museum)*

*1 b Pfostenhocker aus Eiche, 1. Hälfte des
17. Jahrhunderts mit den typischen schräggestellten, gedrechselten Balusterbeinen und
den ganz unten angebrachten Stegen.
(Geffrye Museum)*

2 *Eichenbank, 1. Hälfte des 17. Jahrhunderts, mit geschnitztem Unterbau und einer einzigen Querverstrebung. (Geffrye Museum)*

hatten sie oft einen Nußbaumrahmen (Abbildung 17). Einige Stühle und Hocker vor dieser Zeit waren jedoch ebenfalls schon aus Nußbaum gefertigt. Besonders seit Beginn des 17. Jahrhunderts wird in zeitgenössischen Inventaren auf zahlreiche vornehmere Möbelstükke aus diesem Holz hingewiesen. Leider ist jedoch kaum eines dieser Möbel erhalten geblieben, da das gewöhnliche englische Nußbaumholz (juglans regia) für Holzwürmer in höchstem Maße anfällig gewesen zu sein scheint. Die meisten heute noch existierenden Stücke sind daher aus Eiche, das damals offenbar das gebräuchlichste Möbelholz war.

Aus der Zeit von 1500 bis 1660 sind uns die verschiedensten Arten von Stühlen bekannt. Die meisten sind in der Rahmen- und Füllwandbauweise hergestellt (Zeichnung 1). Eine der frühesten Arten, ein Überbleibsel aus dem Mittelalter, war eine Kastenkonstruktion mit Paneelen unter dem Sitz und den Armstützen. Das Beispiel auf Abbildung 3 zeigt Faltwerkschnitzerei auf den Füllungen der Rückenlehne und unter dem Sitz. Diese Art von Dekor war im 15. und frühen 16. Jahrhundert gebräuchlich. Das geschnitzte

Stühle des 16. und 17. Jahrhunderts

9

*3 Thronartiger Kasten-
sitz aus Eiche, 2. Viertel
des 16. Jahrhunderts.
(Victoria & Albert
Museum)*

Querpaneel im oberen Teil der Rückenlehne mit seiner unbeholfe-
nen Wiedergabe von Renaissancemotiven deutet darauf hin, daß der
Stuhl aus der Zeit zwischen 1525 und 1550 stammt. Stühle dieser
Art waren schwer und sperrig und dazu bestimmt, stets an der
gleichen Stelle zu stehen – zum Beispiel auf der Estrade am Ende
der Halle – die die meisten Häuser jener Zeit besaßen.

*Conversation
Chair*
Während der ersten Hälfte des 16. Jahrhunderts kamen dann Stühle
leichterer Bauart auf, ohne Holzfüllungen unter dem Sitz und den
Armstützen. Einer der ersten dieser Art war der *Caquetoire* (Abb.
4)*. Er stammte wohl ursprünglich aus Frankreich, wie der Name

---

* Der Begriff Caquetoire wird zwar allgemein für diese Art von Stühlen verwendet;
doch Peter Thornton argumentierte in einem Artikel in der Fachzeitschrift ›The
Connoisseur‹ (Februar 1974) überzeugend, daß die Bezeichnung eigentlich nur für
Polsterstühle des 17. Jahrhunderts vom *Farthingale*- oder ›Reifrock‹-Typ gelten
sollte.

4 *Armstuhl vom Typ des Caquetoire aus Eiche, um 1535. Diese Stuhlform stammt wahrscheinlich aus Frankreich. Die Schnitzereien auf der Rückenlehne zeigen schwungvolle Renaissancemotive. (Victoria & Albert Museum)*

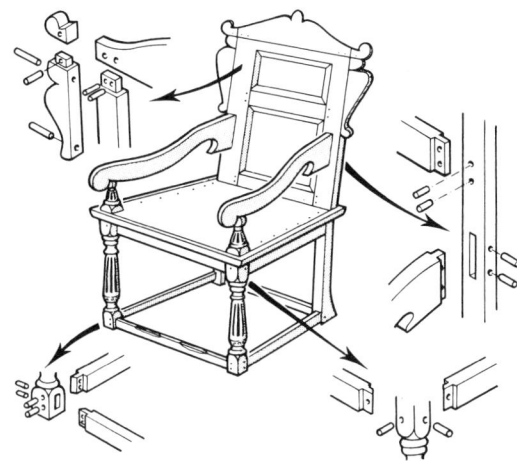

Skizze 1 Konstruktionsplan eines verzapften Stuhles, wie er auf Abb. 5 zu sehen ist. Man beachte, wie die Zapfenverbindung durch Dübel zusammengehalten wird.

erkennen läßt, der vom Verb ›caqueter‹, ›plaudern‹, ›sich unterhalten‹ abgeleitet ist. Die englische Bezeichnung dieses Stuhltyps ist dementsprechend *Conversation Chair*. Er ist gekennzeichnet durch eine hohe, schmale Rückenlehne und weit ausgeschweifte Armstützen, die sich der Form der Sitzfläche anpassen. Um die Mitte des 16. Jahrhunderts scheint man die Form des Kastenstuhles völlig aufgegeben zu haben. *Verzapfte Stühle,* die nach diesem Zeitpunkt *Verzapfte Stühle* entstanden, zeigten alle mehr oder weniger das gleiche Aufbauschema mit einer rückwärts geneigten Rückenlehne in der Rahmen- und Paneelkonstruktion (Abb. 5). Die Rückenlehnen wiesen oft Schnitzereien auf, feinere Möbel sogar Intarsien und einen geschnitzten Giebel. Die Stege saßen fast am Boden und waren wie bei den Hockern mit Holzdübeln befestigt (Skizze 1). Dieser Stuhltyp war bis zur Restauration beliebt; nach 1660 wurde er auf dem modebewußten Londoner Markt nicht mehr gehandelt. In der

◀

5 Verzapfter Armstuhl aus Moor-Eiche mit Intarsien aus Kirsche, Eiche und verschiedenen gebeizten Hölzern, 1. Viertel des 17. Jahrhunderts. (Victoria & Albert Museum)

6 *Sitzbank in Rahmen- und Paneelkonstruktion, Mitte des 17. Jahrhunderts, mit gedrechselten Beinen und Schnitzereien in den oberen Füllungen der Rückenlehne. (Geffrye Museum)*

zweiten Jahrhunderthälfte konnte er sich nur noch in ländlichen Gegenden halten.

Wie viele andere Möbelstücke aus jener Zeit tragen solche Stühle oft eine Jahreszahl. Sind die Ziffern erhaben und in das übrige Schnitzwerk des Stuhls harmonisch eingefügt, kann man das Stück als Original ansehen; ist das Datum jedoch als Vertiefung in das Holz hineingeschnitzt, handelt es sich möglicherweise um eine spätere Hinzufügung.

Mönchsbänke Solche verzapften Sitzgelegenheiten gab es auch für zwei oder mehrere Personen (Abb. 6). Sie hatten eine Besonderheit: Sowohl bei den Stühlen wie auch bei den Bänken waren die Rückenlehnen in Scharnieren aufgehängt, so daß man sie bei Bedarf auf die Armstützen herunterklappen und zu einem Tisch umfunktionieren konnte (Abb. 7). Die korrekte Bezeichnung für diese Möbel ist

7 Tischsessel aus Eiche, Mitte des 17. Jahrhunderts, mit Schnitzereien und zusätzlich angebrachten Dekorationen. Die Rückenlehne hängt in Scharnieren und kann auf die Armstützen heruntergeklappt werden, so daß ein Tisch entsteht. (Victoria & Albert Museum)

Tisch- oder Bank-Sessel. Im Kunstmarkt hat sich der Begriff *Monks Benches, Mönchsbänke* eingebürgert. Da jedoch die meisten der erhaltenen Stücke mindestens hundert Jahre nach der Auflösung der Klöster entstanden sind, scheint diese Bezeichnung irreführend.

Ein weiter Schritt in Richtung auf transportable Stühle wurde im ausgehenden 16. Jahrhundert unternommen, als man den leichten Stuhltyp ohne Armlehnen entwickelte.

Anfang des 17. Jahrhunderts begann man damit, Stühle zu polstern. Diese Art wird allgemein als *Farthingale-Typ* bezeichnet (Abb. 8). Doch bereits vor diesem Zeitpunkt waren die Sitzmöbel des vermögenden Adels mit feinen importierten Stoffen überzogen.

Polsterstühle im Farthingale-Typ

Das Inventarverzeichnis der Möbel Heinrichs VIII., das 1547 erstellt wurde, beweist, daß es in Hampton Court bereits solche Stühle, die möglicherweise aber auch aus dem Ausland stammten,

8 ›Farthingale‹
(Reifrock-)Stuhl
aus Eiche, dessen
Sitz und Rücken-
lehne mit Stickerei
in türkischem
Muster überzogen
ist. Mitte des
17. Jahrhunderts.
(Victoria &
Albert Museum)

gegeben hat. Sie sind jedoch auch in anderen Inventaren aus jener Zeit zu finden. Durch lose Kissen versuchte man Hockern und Stühlen mehr Bequemlichkeit zu verleihen. Das feste, mit Wolle oder Tierhaaren gefüllte Polster kam allerdings erst zu Beginn des 17. Jahrhunderts auf. Die *Farthingale-Stühle* waren gewöhnlich mit türkischem Stoff (Turkey Work) überzogen, einer Art geknüpftem wollenem Teppichstoff auf einem Grundgewebe aus grober Leinwand. Diese Stoffart, den aus der Türkei eingeführten persischen und türkischen Brücken und Teppichen abgeschaut, zeigte oftmals verschnörkelte Blumenmuster (Abb. 8). Für die vornehme Gesellschaft wurde etwa zur gleichen Zeit ein eleganterer, gepolsterter *Scherensessel* Armstuhl mit gekreuzten Scheren entwickelt. Diese Stühle gehen

▶

9 Scherensessel aus Buche mit Samtpolstern und dazu passendem Fuß-schemel. Er gehörte ursprünglich William Juxon, dem Erzbischof von Canterbury, der Charles I. bei seiner Hinrichtung im Jahre 1649 Beistand leistete. (Victoria & Albert Museum)

16

10 Eichenstuhl des Yorkshire- und Derbyshire- Typs, Mitte des 17. Jahrhunderts. Charakteristisch für diese Stuhl- form sind vor allem die Ge- staltung der Enden der Rück- pfosten und die Verzierung mit längshalbierten Balusterstücken an ihrer Vorder- seite. Auf dem Sitz liegt ein Kissen. (Victoria & Albert Museum)

auf die bereits in der römischen Antike gebräuchlichen Faltstühle
zurück; die gekreuzten Scheren sind außerdem von Abbildungen
mittelalterlicher Sitzmöbel her bekannt. Eine ganze Reihe solcher
Stühle aus dem frühen 17. Jahrhundert sind in Knole, Sevenoaks
(Kent) erhalten geblieben. Dort befindet sich auch eine zeitgenössi-
sche Darstellung, die James I., auf einem solchen Stuhl sitzend,
zeigt.

Um die Mitte des 17. Jahrhunderts wurde eine ganze Reihe
verschiedener Stuhltypen entwickelt. Beispielsweise die *Yorkshire-*
und die *Derbyshire-Stühle*. Bei diesen Stühlen wird die Rückenlehne
entweder durch zwei gewölbte und geschnitzte Querbretter gebildet
oder durch zwei Querstäbe, die durch gedrechselte, bogenförmige
Stützen miteinander verbunden sind. Man verzichtete auf das

*Yorkshire- und
Derbyshire-
Stühle*

*11 Eichenstühle vom Cromwell-Typ. Sitz und Rückenlehne sind mit Leder überzogen, die Beine
und der vordere Steg spiralartig gedreht. Mitte des 17. Jahrhunderts. (Mallett)*

19

schwere Faltwerk der Kastenstühle (Abb. 10). Abgesehen von der Anordnung und der Ausschmückung der Rückpfosten zeigen beide Typen ähnliche Merkmale. Wie viele andere Eichenmöbel aus jener Zeit waren sie mit Balusterversatzstücken verziert. Für Stühle dieser Art wurden Holzstücke in eine dekorative Form gedrechselt, längshalbiert und die beiden Hälften dann auf die Vorderseiten der Rückpfosten geleimt. Die Pfosten enden in einer Volute, die entweder nach innen oder nach außen rollt. Die Beine waren gewöhnlich als Baluster gedrechselt. Wie schon der Name andeutet, sind die *Yorkshire-* und die *Derbyshire-Stühle* charakteristische, nordische Stuhltypen, obgleich sie Ähnlichkeiten mit Stuhlformen aufweisen, die in Italien und Portugal entwickelt wurden. Die geschnitzte Maske eines Mannes auf den Querbrettern mancher *Yorkshire-* und *Derbyshire*-Stühle stellt angeblich den Kopf von Charles I. dar und spricht für die Königstreue vieler Leute aus dem Norden Englands.

Der gleichen Zeit zuzuordnen wie die *Yorkshire-* und die *Derbyshire-Stühle* jedoch ohne Schnitzwerk und Ausschmückungen und daher mehr dem puritanischen Zeitgeschmack entsprechend sind die mit Leder überzogenen Stühle, die als *Cromwell-Stühle* bezeichnet werden (Abb. 11). Das Leder wird durch Nägel mit erhabenen Messingköpfen befestigt.

Cromwell-Stühle

All diese Stuhlformen lebten auch nach der Restauration durch Charles II. fort. Es existieren sogar einige lederbezogene Stühle mit geschnitzten Stegen an der Vorderseite, wie man sie auch an anderen Stuhltypen findet, die sich während der Restaurationszeit herausbildeten.

Die bis hierher beschriebenen Stühle waren wohl weitgehend Arbeiten von Tischlern, abgesehen von gedrechselten Beinen und Stegen, die von Drechslern angefertigt wurden. Manche Stühle scheinen allerdings ihrem Aussehen nach fast ausschließlich das Werk eines Drechslers gewesen zu sein. (Abb. 12). Sie zeichnen sich durch eine dreieckige Sitzfläche mit Lehnen, Beinen und Stegen und kunstvoll gedrechselten Stäben aus. Die heute noch existierenden Exemplare stammen aus dem späten 16. und dem frühen 17. Jahrhundert; die Konzeption ist jedoch so alt, daß sie sich über die Normannen wahrscheinlich bis auf Vorbilder aus Byzanz oder Skandinavien zurückverfolgen läßt.

Sammler, die sich für Möbel aus dieser frühen Zeit interessieren,

12 Gedrechselter Armstuhl aus Eiche und Esche, frühes 17. Jahrhundert. (Victoria & Albert Museum)

seien darauf hingewiesen, daß viele Stücke völlig verändert oder aus altem Material teilweise neu angefertigt wurden. In der Folge der Veröffentlichung von Henry Shaws Buch „Specimen of Ancient Furniture" (1834), das auf enorme Resonanz stieß und ein starkes Interesse für Möbel aus jener Zeit wachrief, wurden zahllose Kopien angefertigt und Veränderungen vorgenommen.

Mit der Restauration der Monarchie im Jahre 1660 setzte ein Widerstand gegen die puritanische Lebensauffassung des Commonwealth ein. Während seines Exils in Frankreich und Holland hatte Charles II. das wesentlich höhere geschmackliche und handwerkliche Niveau der Kontinentaleuropäer kennengelernt. Der Einfluß seines Hofes machte sich denn auch bald in der Entwicklung der englischen Kunsttischlerei bemerkbar. Ausländische Kunsthandwerker aller Zünfte zog es nun auf die Britischen Inseln; zum einen, weil sie sich dort der besonderen Gunst der besitzenden Klasse erfreuen

Zuzug kontinentaler Kunsttischler nach England

13 *Armstuhl aus Nußbaumholz, Sitz und Füllung der Rückenlehne aus Rohrgeflecht, ca. 1680. Das überladene Schnitzwerk und die gedrehten Rückpfosten sind typisch für diese Zeit. Das Motiv des oberen Querbretts der Lehne, nämlich zwei Engel, die eine Krone halten, wird auf der geschnitzten Blende unter dem Sitz wiederholt.*
(Victoria & Albert Museum)

durften, zum anderen, weil sich vor allem französische Hugenotten der gefürchteten Verfolgung durch ihre katholischen Landsleute auf diese Weise entziehen konnten, insbesondere nach dem Widerruf des Edikts von Nantes im Jahre 1685, was ihnen vorher zumindest ein gewisses Maß an Schutz und persönlicher Freiheit gewährt hatte. Diese junge Generation von Kunsthandwerkern führte auch neue Werkstoffe ein. Die vornehmen Möbel wurden nun zumeist aus Nußbaumholz hergestellt; ein Eichen- oder Buchenmöbel aus der Zeit nach 1660 ist nun zumeist das Werk eines einfachen provinziellen Handwerkers. Die sogenannte ›Nußbaum-Periode‹ dauerte bis etwa 1740; die Ablösung dieses schönen Holzes durch Mahagoni war aber zumindest teilweise auch durch einen gewissen Mangel an Nußbaumhölzern bedingt, der sich vom ersten Jahrzehnt des 18. Jahrhunderts an bemerkbar machte. Die meisten Nußbäume wurden importiert. Schwere Frosteinbrüche, die im Jahre 1709 in Zentraleuropa einfielen, ließen eine beträchtliche Zahl jung angepflanzter Bäume erfrieren. Frankreich, einer der Hauptlieferanten

Stühle aus Nußbaum

*14 Nußbaum-
stühle mit
Rohrgeflecht für
Sitze und Lehnen,
ca. 1685.
Charakteristisch
für die Stühle aus
jener Zeit waren
die hohen Lehnen
und die einander
entsprechenden
Querbretter an
den Lehnen und
den Vorder-
beinen. (Spink)*

Englands, verbot von 1720 an den weiteren Export. Bis zu einem gewissen Grad wurde diese Versorgungslücke durch den Import von Nußbaumholz aus Virginia ausgefüllt, nachdem 1721 die Sondersteuer aufgehoben wurde, die England bisher für Nutzholz aus den amerikanischen Kolonien zahlen mußte. Diese Steuererleichterung begünstigte auch den Import von Mahagoni. Bald nach der Restauration kam auch spanisches Rohr als Material für Sitzflächen und Rückenlehnen von Stühlen und Ruhebetten, *Day Beds* (eine frühe Form der Couch) in Mode. Es wurde von der Ostindischen Gesellschaft als Handelsgut von der malaiischen Halbinsel eingeführt und war bis ca. 1730 sehr beliebt (Abb. 13, 14, 15, 19).

*Spanisches Rohr
für Sitzflächen*

Die Stühle aus der Zeit kurz nach der Restauration haben einen leichten Rahmen aus baluster- oder spiralartig gedrechseltem Nußbaumholz. In zeitgenössischen Schriften werden sie oft als ›ringsherum gedrechselt‹ beschrieben. Von ca. 1670 bis 1700 hatten die meisten Stühle hohe, nach hinten geneigte Rückenlehnen, wohl, damit am Hof der letzten Stuarts die Damen mit ihren aufgebausch-

15 *Ruhebett (Day Bed) aus Nußbaumholz, ca. 1685. Die Sitzfläche ist mit Rohrgeflecht bespannt, die Lehne und die Zierbretter an den Schauseiten sind durchbrochen geschnitzt. Die Rückenlehne kann verstellt werden. (Victoria & Albert Museum)*

Schnitzereien im Stil von Gibbons

ten Frisuren nicht mit den Lehnen in Bedrängnis kamen (Abb. 14 und 16). Es war dies die Zeit von *Grinling Gibbons*, dem ältesten englischen Holzschnitzer. Er verfügte wie kein zweiter über die Stilmittel des herrschenden Barocks. So war der Rahmen der Stühle aus dieser Zeit oft kunstvoll geschnitzt, und die breiten Stege zwischen den Vorderbeinen wiederholten mit ihren Bogenmotiven die reichen Schnitzereien an der Lehne. Typische Motive der Restaurationszeit waren Engel, die eine Krone zwischen sich hielten sowie geschnitztes Eichenlaub. Für solche Schnitzarbeiten eignete sich Nußbaumholz besonders gut. Die Rückpfosten sind oftmals spiralförmig gedreht, während die Armlehnen und die Beine in Voluten enden. Kunstvoll geschnitzte Stühle dieses Typs entstanden ursprünglich in Frankreich. Die Idee fand jedoch bald solchen Anklang, daß sie sich über Holland rasch auch nach England

*16 Nußbaum-
stühle, ca. 1695,
mit gepolsterten
Sitzflächen und
Lehnen. Charak-
teristisch sind die
schön geformten
Rückenlehnen,
die nicht bis zum
Sitzrahmen
hinunterreichen,
die gekreuzten
Stege, die an
ihrem Schnitt-
punkt mit einer
Kreuzblume
versehen sind,
und die geschnitz-
ten, pilzförmigen
Wölbungen am
oberen Ende
der Vorderbeine.
(Mallett)*

*17 Nußbaum-
hocker mit
gedrechselten
Pfosten und
Stegen und
gepolstertem
Sitz, ca. 1690.
(Mallett)*

18 Nußbaum-
stuhl mit Marke-
terie, ca. 1710.
Dieser Stuhl mit
den geschwun-
genen Stegen
zeigt eine frühe
Form der ›Cabrio-
le Legs‹, die in
einem vereinfach-
ten hufförmigen
Fuß endet. Der
Entwurf zeigt
starken hollän-
dischen Einfluß.
(Victoria &
Albert Museum)

verbreitete. Gepolsterte Stühle aus jener Zeit haben oft weniger verschnörkelte Rahmen, jedoch ganz ähnliche Proportionen (Abb. 16).

Queen-Anne-
Stühle

Ab etwa 1700 setzte eine umwälzende Veränderung der Form ein, die schließlich zu dem krummlinigen Typ des *Queen-Anne-Stuhls* führte. Die Lehne wurde etwas niedriger und erhielt eine gewundene Umrahmung. Das geschweifte Mittelbrett der Lehne paßte sich der Rückenlinie des Sitzenden vorzüglich an. Das geschwungene Bein, das *Cabriole Leg* mit Bocks- oder Kissenfuß (Pad Foot) wurde eingeführt, zunächst noch mit Stegen (Abb. 18 und 19), die man

19 Stühle mit geschnitztem und in chinoiser Manier lackiertem Rahmen, ca. 1715. Besonders zu beachten sind das Rohrgeflecht in der Lehne, die geschwungenen Beine mit den Schnitzereien am Knie und die geschweiften Stege mit einer Kreuzblume in der Mitte. (Mallett)

aber bald wegließ. Diese Grundform wurde bis zum Ende der Nußbaum-Periode (ca. 1740) beibehalten; doch nachdem der Hannoveraner George I. den Thron bestiegen hatte, bekamen die Stühle erneut ein schwerfälligeres Aussehen und man wandte sein Augenmerk wieder mehr dem Detail zu. Die Knie der geschwungenen Beine, die nun häufig in *Ball-* und *Klauenfüßen* (Ball and Claw Feet) endeten, waren mit Muscheln, *Akanthus-, Cabochon-* oder Satyrkopfmotiven verziert (Abb. 20, 22, 23 und 26). Am vorderen

Georgianische Stühle

27

20 *Armstuhl, mit Nußbaumastholz furniert, ca. 1720. Die Armstützen enden in Adlerköpfen, die geschwungenen Beine mit dem geschnitzten Muschel- dekor an den Knien dagegen in Ball- und Klauenfüßen. (Mallett)*

▶

21 *Bibliothekstuhl (Reading Chair) mit Nußbaumrahmen, ca. 1725. Sitz und Lehne sind mit Leder überzogen. (Mallett)*

Sitzrahmen war oft eine zusätzliche Blende angebracht, die noch mehr Raum für Schnitzereien, oft in Muschelform, bot. Vornehmere Stühle aus dieser Zeit waren oft mit Nußbaum in verschiedenen Helligkeitsgraden furniert. Nach 1720, unter dem beherrschenden Einfluß des Architekten *William Kent,* der auch hervorragende Innendekorationen und Möbel im Barockstil entwarf, lag die Betonung wieder mehr auf den Schnitzereien. Ganz ähnlich in der *Settees* Form waren auch die *Settees.* Das sind einem kleinen Sofa entsprechende Doppelsitze, die meist zu einer Garnitur von passenden Stühlen gehörten. Ihre Rückenlehnen entsprachen zwei aneinandergefügten Stuhllehnen. Sie standen auf sechs oder mehr Stützen. Die Armlehnen von Stühlen und solchen *Settees* endeten häufig in Löwen- oder Adlerköpfen (Abb. 20). Daneben gab es die

22 *Nußbaumstühle, ca. 1735, mit Einlegepolstern und geschwungenen Beinen mit Akanthus-motiven am Knie und den Ball- und Klauenfüßen. Das Mittelbrett der Lehne ist durchbrochen und weist in seiner Form bereits auf den kommenden Chippendale-Stil der Mitte des 18. Jahrhunderts hin. (Mallett)*

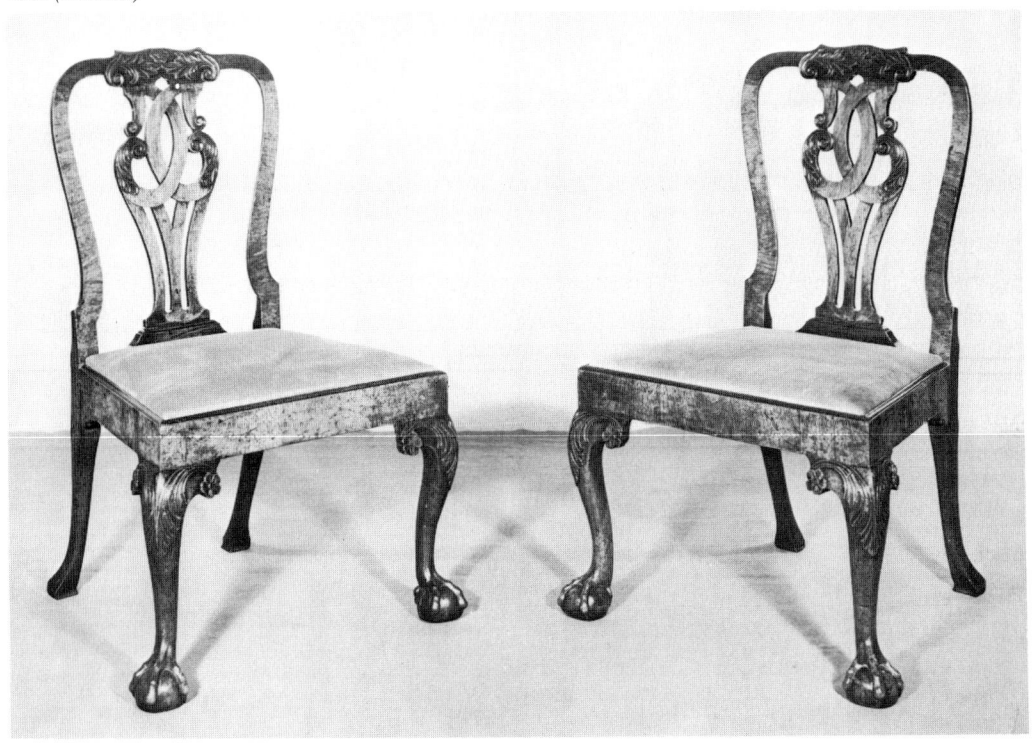

23 Schreibtischstuhl (Writing Chair) aus Nußbaum, ca. 1740, mit furniertem Sitzrahmen, geschwungenen Beinen mit Akanthusmotiven am Knie und Ball- und Klauenfüßen. Dieser Stuhltyp findet sich nur in der frühen georgianischen Periode. Trotz seines Namens gibt es keinen schlüssigen Beweis, daß der Stuhl tatsächlich für diesen Zweck bestimmt war. (Hotspur)

gepolsterten Ohrensessel. Sie hatten kurze, geschwungene Beine *(Cabriole Legs)*, die Sitze waren in manchen Fällen ursprünglich mit einem Stoff mit Petit-Point-Stickerei überzogen (Abb. 25).

Während der georgianischen Periode (1714–1820) hat sich eine ganze Reihe von speziellen Stuhlformen entwickelt. Eine der ersten ist der sogenannte Bibliotheksstuhl *(Library oder Reading Chair,* Abb. 21), der um 1720 auftaucht. Diese Stühle hatten zunächst einen Nußbaum-, dann, nach 1740, einen Mahagonikorpus. Der Sitz, die Armstützen und die Lehne waren gewöhnlich mit Leder überzogen, und der Lesende saß sozusagen verkehrt herum auf dem Sitz, so daß er die Buchstütze vor sich hatte. Unter dem Sitz befand sich eine Schublade für Schreibzeug. Diese Stühle werden häufig auch als ›Hahnenkampf‹-Stühle *Cock-Fighting Chair* bezeichnet; es besteht jedoch keinerlei Grund zu der Annahme, daß sie für diesen Zweck geschaffen wurden. Vielmehr betont *Thomas Sheraton* in seinem ›The Cabinet Dictionary‹ (1803) ausdrücklich, daß sie ›ein Lesen in bequemer Haltung‹ ermöglichen sollten. Etwa zur gleichen Zeit entstand der *Writing Chair,* ein Schreibtischstuhl (Abb. 23).

Bibliothekstühle

Schreibtischstühle

24 Hall Chair aus Mahagoni, spätes 18. Jahrhundert. Diese Stühle wurden in Eingangshallen und Landhäusern aufgestellt und dienten eher der Repräsentation als dem bequemen Sitzen. (Hotspur)

Dieser Stuhltyp ist charakteristisch für die frühe georgianische Periode (die Regierungszeit von Georg I.). Oft ist er durch drei von vorne sichtbare Beine und zwei Mittelbretter in der Lehne gekennzeichnet. Aus seiner Bezeichnung als ›Schreibtischstuhl‹ (Eckstuhl) ist kein Rückschluß auf seine tatsächliche Funktion abzuleiten.

Der Hall Chair

Ein Stuhltyp, der sich sehr viel länger halten konnte, war der im frühen 18. Jahrhundert aufkommende *Hall Chair*, ein Renommierstück, das in der Eingangshalle oder in den Fluren von großen Land- und Stadthäusern aufgestellt wurde (Abb. 24). Nach *Robert Adam* war die Eingangshalle ein ›Empfangsraum, in dem man von livrierten Dienern begrüßt wurde‹. Er sollte den Gast beeindrucken und ihm einen Vorgeschmack auf den Reichtum und den Stil des Hausbesitzers vermitteln. Die *Hall Chairs* gehörten mit zur reprä-

▶

1 Armstuhl, Mahagoni, mit rotem Leder bezogen, Regency, ca. 1820. (Dry von Zezschwitz, München)

25 *Sessel mit Backenlehnen (Nußbaumholz), ca. 1720, auf kurzen, geschwungenen Beinen mit geschnitzten Muschelmotiven am Knie und den Kissenfüßen. Diese Art von Polstersesseln ist charakteristisch für die frühe georgianische Periode. (Mallett)*

sentativen Ausstattung und waren dementsprechend reich, um nicht zu sagen überladen, mit Schnitzereien und gemaltem Dekor verziert. In der Rückenlehne fand sich oft das Familienwappen. Da die Bediensteten praktisch die einzigen waren, die diese Stühle als Sitzgelegenheiten benutzten, waren die Sitzflächen nicht gepolstert und die Rückenlehnen starr und gerade. Stühle dieser Art wurden noch bis in die Mitte des viktorianischen Zeitalters hinein hergestellt. Im späten 18. Jahrhundert standen auch oft hohe Stühle, deren Beine in Voluten endeten, in den Empfangshallen. Noch in Musterbüchern viktorianischer Zeit finden sich hölzerne Bänke zur Aufstellung in Hallen.

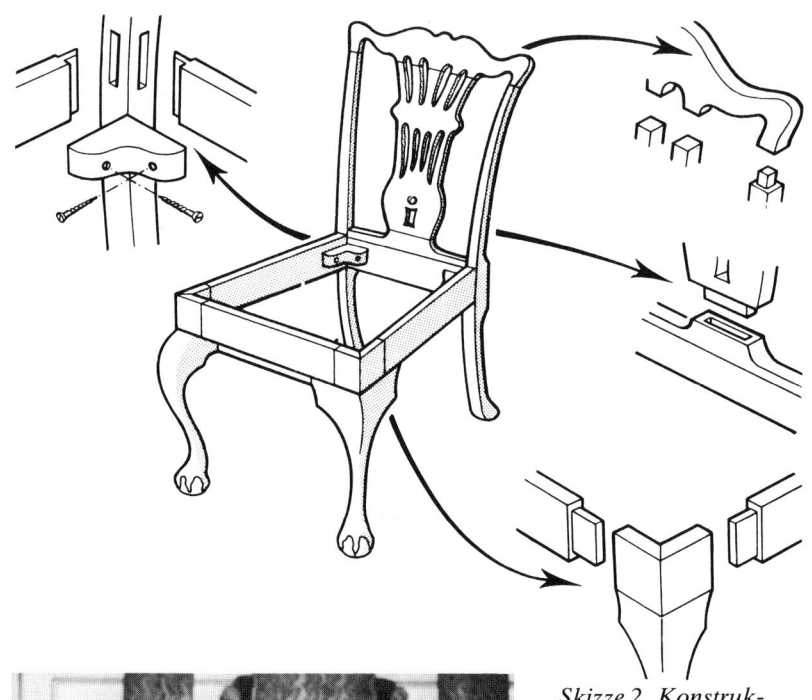

Skizze 2 Konstruktionsschema des auf Abb. 26 gezeigten Stuhls.

26 Mahagonistuhl, ca. 1750. Das Einlegepolster ist mit Petit-Point-Stickerei überzogen. Das wie ein Amorbogen geschweifte obere Querbrett und die C-Schwung-Schnitzereien am Knie der Beine sind Anzeichen für den in jener Zeit aus Frankreich eindringenden Rokoko-Einfluß. (Victoria & Albert Museum)

27 *Mahagoniarmstühle, ca. 1755. In die Armlehnen und Beine ist nach chinesischem Vorbild ein blindes Gittermuster eingeschnitzt, und die Winkelstützen, die den Sitz mit dem Rahmen des Stuhls verbinden, haben die Gestalt von zwei C-förmigen Rokoko-Schwüngen.*

Ein besonders beliebter ländlicher Stuhltyp, der sich um die Wende zum 18. Jahrhundert entwickelte, war der *Windsor-Stuhl* (Abb. 34). *Windsor-Stühle* Erstmals urkundlich erwähnt wird er 1724 als Eigentum von Lady Percival in Hall Barn in Buckinghamshire. Der Rahmen der *Windsor-Stühle* ist gewöhnlich größtenteils aus Buche, Esche oder Eibe. Ein bedeutendes Herstellungszentrum war die Gegend um High Wycombe in Buckinghamshire, denn dort stellten die Buchenwälder von Chilterns ein reiches Reservoir an Nutzholz dar. Für den stabilen Sitz verwendete man meist Ulmenholz, das im Möbelbau Rüster genannt wird. Stühle dieser Art waren wohl vor allem in Gast- und Landhäusern und als Gartenmöbel beliebt. Es ist überliefert, daß sie zeitweise auch in der Bibliothek von Cannons, dem Hause des Herzogs von Chandos (1725) und in der Bodleian Bibliothek in Oxford (1766) Verwendung fanden. Obgleich für die

35

28 *Mahagonistuhl, ca. 1760, mit durchbrochen geschnitztem Mittelbrett in der Art von Thomas Chippendale. Die geraden Beine sind quadratisch und durch Stege verbunden, obgleich Chippendales Entwürfe für solche Stühle eigentlich geschwungene Beine vorsehen. (Blairman)*

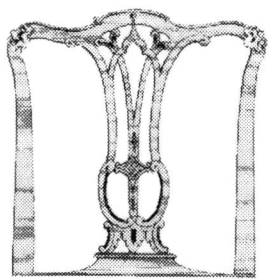  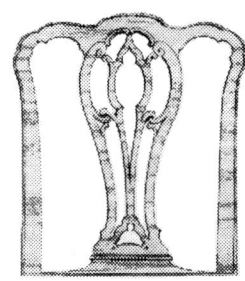

29 Abb. 16 der 1762 erschienenen Ausgabe von Thomas Chippendales ›The Gentleman and Cabinet-Maker's Director‹ zeigt typische Lehnenformen jener Zeit. Tatsächlich gab es unzählige Varianten dieser Grundmotive. Der Stuhl auf Abb. 28 zeigt eine bemerkenswerte Übereinstimmung mit dem dritten Entwurf.

Windsor-Stühle an sich ein ländlicher Stil kennzeichnend war, hat man auch für sie zuweilen gewisse Formen von eleganten, modischen Möbeln im Geschmack der Zeit übernommen. Manche *Windsor-Stühle* aus der Mitte des 18. Jahrhunderts haben geschwungene Beine und eine durchbrochene Rückenlehne, die gotische Motive zeigt.

Etwa um 1740 war Nußbaum als Möbelholz ganz aus der Mode gekommen und von Mahagoni verdrängt worden. Das erste, hauptsächlich aus San Domingo, einer Insel Spanisch-Westindiens, importierte Mahagoni war sehr hart, aber ohne besondere Zeichnung. 1760 trat Kuba in den Konkurrenzkampf mit ein, und bald hatte das kubanische Mahagoni den Markt erobert. Gegen Ende des 18. Jahrhunderts kamen noch Importe aus Jamaika und Honduras dazu. Das kubanische Mahagoni hatte eine ausgeprägte Maserung und wurde weitgehend als Furnierholz verwendet. Wegen seiner großen Härte und festen Struktur blieb Mahagoni vor allem für Stühle bis ins 20. Jahrhundert hinein das beliebteste Möbelholz. *Einführung von Mahagoniholz*

Zunächst hatte der Übergang von Nußbaum zu Mahagoni keine merkbaren Auswirkungen auf das Stuhl-Design; doch um 1750 hatte sich ein neuer Stil entwickelt, den man mit dem Namen *Chippendales* kennzeichnete. *Thomas Chippendale* war der erste Engländer, der ein Buch über den Entwurf von Möbeln herausbrachte. In diesem Werk, ›The Gentleman and Cabinet-Maker's Director‹ (erste Ausgabe 1754, zweite 1755 und die dritte 1762) sind Entwürfe für Stuhllehnen enthalten. Sie zeigen jenen geschwungenen oberen Abschluß und jene kunstfertig geschnitzten *Stuhlentwürfe von Thomas Chippendale*

37

30 Mahagoniarmstühle, ca. 1760, nach chinesischem Vorbild. Lehne und Seiten erhalten durch ein Gitterwerk aus geraden, quadratischen Stäben eine geometrisch wirkende Füllung. (Mallett)

und durchbrochenen Füllungen, die für *Chippendale* so charakteristisch sind (Abb. 28 und 29). Bei vielen dieser Entwürfe enden die Stuhlbeine in feinen ›spanischen‹ Schnecken; in der Praxis jedoch wurden bei den eleganten Stühlen jener Zeit oft noch die Ball- und Klauen-Füße beibehalten. Die Verarbeitung von C- und S-Schwüngen in den Lehnen ist auf den Einfluß des Rokoko-Stils zurückzuführen, der nach 1740 von Frankreich her nach England eingedrungen war.

Der Ladder-Back-Chair

Ein anderes Design, das unwillkürlich mit *Chippendales* Namen in Verbindung gebracht wird, ist die Leiter in sog. *Ladder-Back-Chairs* (Leiterrücken-Stühle). Doch dieser Entwurf ist alles andere als neu

31 Mahagonistühle, ca. 1760, im neogotischen Stil. Das zeigt sich besonders in dem durchbrochen geschnitzten Vierpaß in der Mitte der Lehne. (Mallett)

und stammt schon aus einer Zeit lange vor *Chippendale* – er ist auch nicht in seinem ›Director‹ enthalten (Abb. 32). Trotzdem wurde der fälschlich ›Chippendale‹ genannte Stuhl sehr beliebt und ab 1750 von vielen Herstellern in abgewandelter Form auf den Markt gebracht. Selbst in ländlichen Gegenden stellte man vereinfachte Versionen dieses Entwurfs in Eiche, Buche und anderen heimischen Hölzern mit geraden, vierkantigen Beinen her.

Die Vorliebe für alles Chinesische erreichte um 1750 ihren Höhepunkt und spiegelt sich auch in *Chippendales* Möbelkunst wider. Wie andere Formgestalter der Zeit entwarf *Chippendale* etliche Einrichtungen in diesem chinoisen Stil.

Chinese-Chippendale

In manchen Räumen hatten sämtliche Ausstattungselemente, bis hin zu den Tapeten, einen ›chinesischen‹ Anstrich. In den meisten Fällen sind bei den Stühlen dieser Art die Beine durch geschnitzte Winkelstützen mit dem Sitzrahmen verbunden. Ein geometrisches Gitterwerk füllt die Lehnen (Abb. 30). Am Sitzrahmen und den Beinen finden sich häufig blinde Netzschnitzereien im gleichen Muster (Abb. 27).

Neogotik   Die zweite Stilrichtung jener Zeit war die Neogotik (Abb. 31), die von Idealisten wie *Horace Walpole* vorangetrieben wurde. Auch bei diesem Stuhltyp finden sich gerade Vierkantbeine und Winkelstützen zwischen dem Sitzrahmen und den Beinen, doch die Lehnen bilden ein Flechtwerk, das dem Maßwerk an gotischen Fenstern nahesteht. Polsterstühle, oft mit vergoldeten Rahmen, zeigen in

32 Stuhl und Armstuhl aus Mahagoni, mit Leiterrücken, ca. 1770. Querbretter und Lehnenabschluß zeigen geschwungene Konturen im Rokoko-Stil. (Mallett)

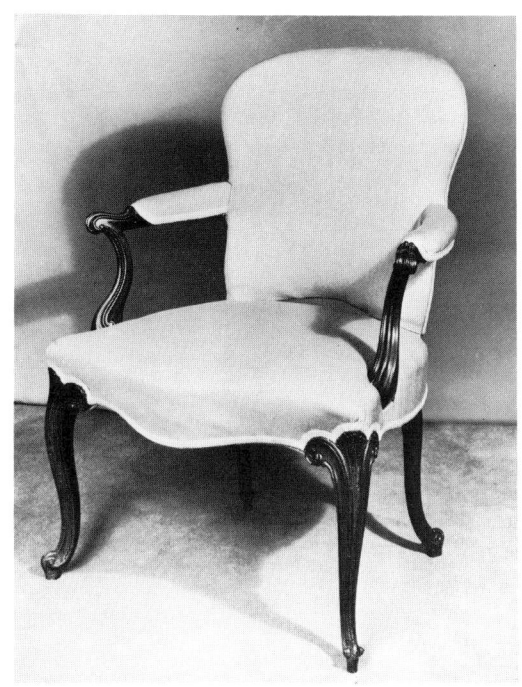

33 Mahagoniarmstuhl, ca. 1770. In der Form der Armstützen, der Beine und des Sitzrahmens erkennt man deutlich französischen Einfluß. Die geschwungenen Beine enden in ›französischen‹ Schnecken. (Blairman)

vielen Fällen große Ähnlichkeit mit entsprechenden französischen Stücken dieser Zeit, die *Chippendale* sehr gut kannte. Er hatte nämlich Frankreich bereist und war außerdem Importeur französischer Stuhlrahmen (Abb. 33).

Bald nach 1760 begann der Einfluß des Rokokos zu schwinden. An seine Stelle trat der von dem Architekten *Robert Adam* entwickelte Klassizismus ganz persönlicher Prägung. Zusätzlich zu den Gebäuden selbst und deren Innenausstattung beschäftigte sich *Adam* vor allem mit der Möblierung von Räumen, die er entworfen hatte. Er fertigte eine ganze Reihe von Entwürfen für Möbel an, darunter für Stühle und *Settees*. Dabei verwendete er Motive, die er aus der klassischen Architektur und ihren Schmuckelementen abgeleitet hatte. So finden wir beispielsweise bei Stühlen, die für Osterley Park in Middlessex und Nostell Priory in Yorkshire bestimmt waren, in der Lehne eine stilisierte Lyra. In der *Adam*-Periode sind die Stuhlbeine gewöhnlich gerade und konisch zulaufend; sie enden zum

Stühle von Adam

41

34 *Windsorstuhl aus Eibenholz mit Rüstersitz, ca. 1770. Obgleich dieser ländliche Stuhltyp modebewußten städtischen Ansprüchen nicht entsprach, finden sich auch bei ihm verschiedene Merkmale der vorherrschenden Stilrichtung: die geschwungenen Beine, die in Kissenfüßen enden, die Form der Armstützen und das durchbrochen geschnitzte Mittelbrett der Lehne.*

Teil in einem Spatenfuß. Die prunkvollen Schnörkel des Rokokos mußten geraden oder einfach geschwungenen Konturen weichen. Der klassizistische Stil, den *Robert Adam* in seinen Entwürfen für einige wenige, reiche Auftraggeber entwickelt hatte, setzte sich bald allgemein durch.

Die zweite Phase des Klassizismus wird von *Georg Hepplewhite* verkörpert. Sein Name ist vor allem mit Stuhllehnen in ovaler und in Schildform verbunden (*Wheel-Back* und *Shield-Back*, Abb. 35 und 36), obwohl er eigentlich keinen von beiden erfunden hat. Zum klassischen Repertoire von *Hepplewhite* gehören Lehnenfüllungen aus Stäben in Form von Girlanden, Glockenblumen oder Blattranken sowie von Amphoren und klassischen Drapierungen, auch manchmal als die drei Federn des Prinzen von Wales gebildet.

Stühle von George Hepplewhite

Thomas Sheraton, ungefähr ein Zeitgenosse von *George Hepplewhite,* ist für seine Stühle mit ihren geraden, rechteckigen Lehnen bekannt, die unzweifelhaft klassizistische Züge tragen (Abb. 39). Andererseits hat er auch Stühle mit Rückenlehnen in Schildform

Stühle von Thomas Sheraton

35 Mahagoni-armstuhl mit gepolsterter Lehne in Schildform. In die Vorderseite des Sitzrahmens sind rechts und links zwei Paterae eingeschnitzt, die runden, kannelierten Beine sind zu den Enden hin eingeschnürt.

43

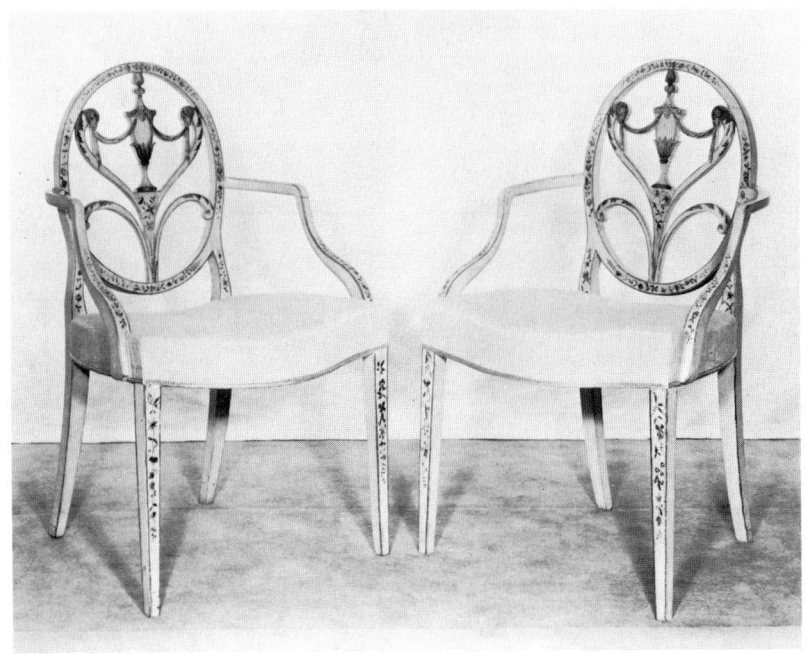

36 Stühle mit Armlehnen
aus Buchenholz. Die ovalen
Lehnen zeigen Amphoren,
Draperien und Rankenmotive
im Hepplewhite-Stil. Der
Rahmen wurde mit floralen
Motiven bemalt. Ca. 1785.
(Mallett)

37 Stuhl aus Rüster und
Buche auf Mahagoni gebeizt,
ca. 1790. Dieses Modell ist
eine ländliche Version des
zeitbestimmenden Hepple-
white-Stils; solche vereinfach-
ten Adaptionen wurden in
beträchtlichen Stückzahlen
hergestellt. (Privatsammlung)

38 Vergoldetes,
*mit Schnitzereien
geschmücktes
Settee, ca. 1780,
in der Manier von
George Hepple-
white, mit starkem
französischem
Einschlag.
(Mallett)*

39 Satinholz-
*stühle mit Bema-
lung, ca. 1790.
(Mallett)*

entworfen, während einige Designs von *Hepplewhite,* die im
›Cabinet-Maker and Upholsterer's Guide‹ (1794) abgebildet sind,
die rechteckige Lehne zeigen. Es ist an dieser Stelle mit Nachdruck
darauf hinzuweisen, daß es weder von *Hepplewhite* noch von
Sheraton irgendein tatsächlich eigenhändiges Möbelstück gibt. Offenbar waren beide, obwohl sie das Tischlerhandwerk gelernt
hatten, mehr Designer als Hersteller. Aus dieser Zeit stammen auch
Stühle aus gefaßtem Buchen- oder Satinholz (Satinwood), wobei der
Dekor oft floralen Charakter zeigt (Abb. 36, 39 und 41).

Hatten *Robert Adam* und seine Nachahmer ihre Anregungen aus
Die Antike als der Architektur des klassischen Altertums bezogen, so wurden die
Vorbild antiken Möbelstücke, die man beispielsweise auf griechischen Vasen

40 *Mahagonistuhl, ca. 1805, mit runden,*
gedrechselten Vorderbeinen und einem breiten
oberen Querbrett, das den Übergang vom
Sheraton- zum Regency-Stil andeutet.
(Blairman)

41 *Buchenholzstuhl, japanisierend schwarz*
lackiert, ca. 1800. Auf die Zarge ist ein griechi-
sches Mäandermuster aufgemalt, der Sitz ist
aus Rohrgeflecht. (Geffrye Museum)

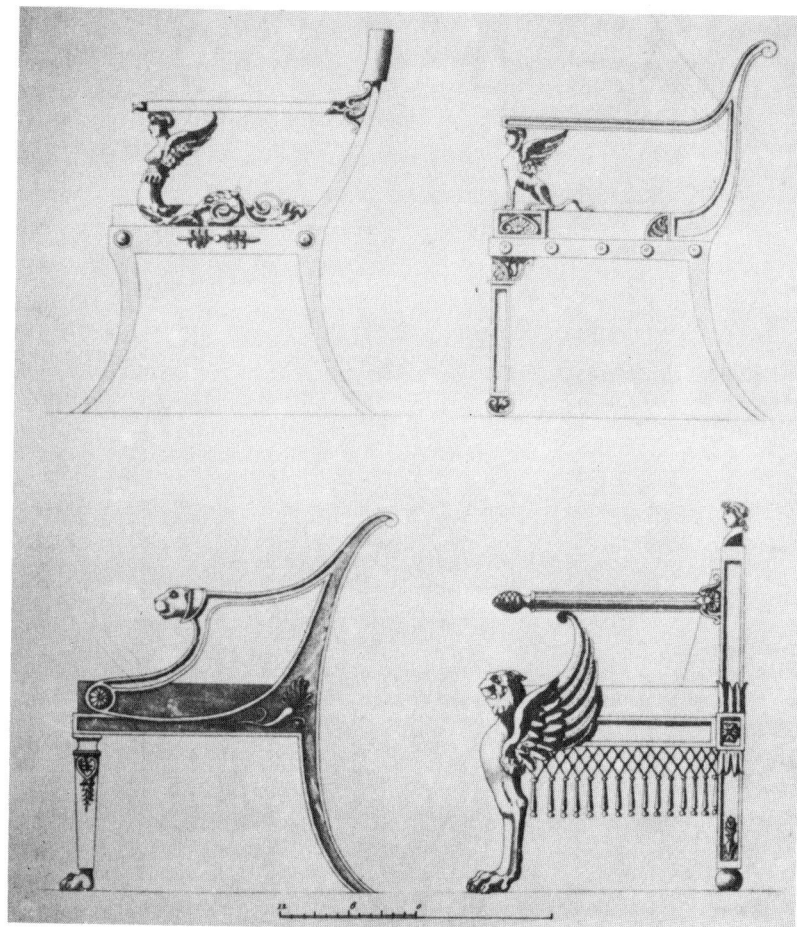

42 Abb. 55 in George Smith's ›A Collection of Designs for Household Furniture and Interior Decoration‹ (1808). Alle Entwürfe zeigen eine beachtliche Übereinstimmung mit Motiven aus der Antike. Es ist dies ein charakteristisches Merkmal kostbarer Möbel jener Zeit. Die ersten drei Modelle sind mit ihren Säbelbeinen ganz deutlich vom griechischen Klismos beeinflußt. Eine bedeutende Rolle bei der Verbreitung dieser Stilrichtung spielte Thomas Hope (s. S. 213).

und Tellern abgebildet fand, in der Regency-Periode (1800–1830) direkt kopiert. Es war vor allem der griechische *Klismos,* der vorbildlich für das Design von Stühlen wurde. Es war dies ein Stuhl mit Säbelbeinen und betontem Schulterbrett, das seitlich über die Rückenpfosten hinausragte (Abb. 42 und 43). Bei manchen Stühlen waren die Vorderbeine als stilisierte Tierkörper ausgebildet (Abb. 42 und 44), und auch hierbei folgte man antiken Vorbildern. Ein weiteres, charakteristisches Merkmal von Regency-Stühlen ist das gedrehte Kordelmotiv, das sich meist im oberen oder mittleren Querbrett der Rückenlehne findet (Abb. 46), gewöhnlich bei einem

Eigenheiten von Regency-Stühlen

47

43 Mahagonistuhl, ca. 1810, mit Säbelbeinen und breitem Schulterbrett an der Lehne, beides Charakteristiken der Regency-Periode. (Blairman)

44 Armstühle aus geschnitztem und vergoldetem Holz. Die Vorderbeine sind als stilisierte Löwengestalten ausgebildet und enden in Klauenfüßen. Dieser Stil, der antiken Vorbildern nachempfunden ist, geht weitgehend auf die Entwürfe von Thomas Hope und George Smith zurück. (Mallett)

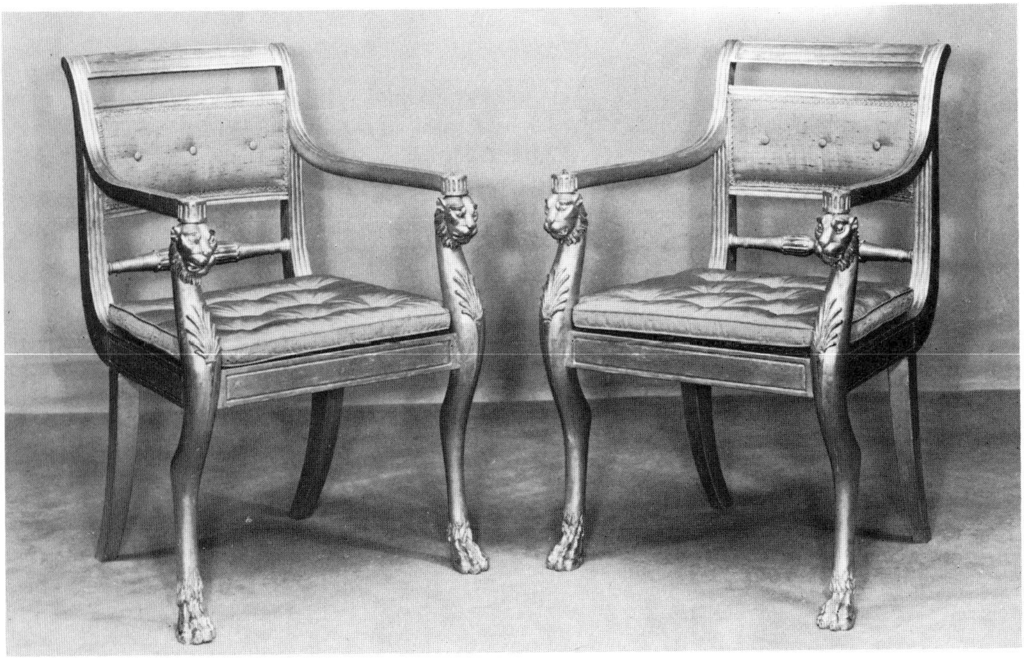

45 *Armstuhl, in chinoiser Manier schwarz und golden lackiert, ca. 1810.*
Die Armstützen haben die Form von Delphinen, ein Motiv, das ab 1805
beliebt war. Die Vorliebe für Ostasiatisches in der Regency-Periode wurde
dadurch gefördert, daß der Prinzregent den königlichen Pavillon in Brighton
in diesem Stil einrichten ließ.

46 *Armstuhl, ca. 1810. Diese Stuhlform wird oft als ›Trafalgar‹-Stuhl bezeichnet. Das obere Querbrett zeigt ein gedrehtes Kordelmotiv. Die Füllung der Lehne ist mit einem stilisierten, griechischen Palmettenmotiv verziert. Die Form der Armstützen, die in einer offenen Volute enden, ist typisch für die Regency-Periode. (Mallett)*

47 Armstuhl aus gebeiz-tem Buchenholz, ca. 1820. Der Stuhl mit den gedrechselten Beinen der frühen Regency-Zeit und dem ziemlich schmalen Schulterbrett stammt aus einer ländlichen Gegend. (Privatsammlung)

ganz bestimmten, leichten Stuhltyp mit Säbelbeinen und einer nach hinten geschweiften Lehne. Diese Form wurde ca. 1805 eingeführt und zu Ehren von Nelsons Seesieg ›Trafalgar‹-Stuhl genannt.

In der Regency-Ära wurde Palisander zum Modeholz für Möbel. Seine Beliebtheit schwand eigentlich erst im viktorianischen Zeitalter. Die zu Lebzeiten von *Adam* und *Hepplewhite* beliebte Marketerie (bis ca. 1790) war aus der Mode gekommen; man versah jedoch Stühle und andere Möbelstücke gern mit Intarsien aus Messing. Das helle Metall stach sehr wirkungsvoll von den dunklen, schimmernden Hölzern ab, die damals verwendet wurden.

Während der Regierungszeit von Königin Victoria (1837–1901) entwickelte sich eine ganze Reihe von verschiedenen Stilarten, denn die Formgestalter durchstöberten nun nicht mehr nur die eigene Vergangenheit nach Anregungen; sie erforschten auch die Kulturen anderer Nationen. So konnte *John Loudon,* der Autor der ›Encyclopaedia of Cottage, Farm and Villa Architecture‹ schon 1833 vier verschiedene Stilrichtungen unterscheiden: die griechische, neogotische, elisabethanische und den Louis-Quatorze-Stil.

Der Trafalgar Chair

Viktorianische Stühle

51

48 *Gefaßte Stühle im neo-*
gotischen Stil, frühes 19.
Jahrhundert. Die zunehmende
Popularität gotischer Archi-
tektur bedingte auch einen
zunehmenden Einfluß dieser
Stilrichtung auf das Möbel-
Design.
(Mallett)

49 *Stuhl aus vergoldetem,*
bemaltem und mit Schnitze-
reien verziertem Buchenholz,
ca. 1834. Er wurde von dem
Architekten Philip Hardwick
für die Goldsmiths' Hall
entworfen und von der Firma
W. & C. Wilkinson angefer-
tigt.
(Victoria & Albert Museum)

50 Mahagonistuhl mit geschweiftem Sitz-rahmen, geschwungenen Beinen und ovaler Lehne, ca. 1850. (Privatsammlung)

51 Mahagonisessel, ca. 1850. In der Gestal-tung der Armstützen und Beine zeigt sich der Einfluß des wiederauflebenden Rokokos. (Victoria & Albert Museum)

Das schönste und schöpferischste Ergebnis viktorianischen Stuhl-Designs war jedoch der *Ballonrückenstuhl*. Aus Nußbaumholz und mit geschwungenen Beinen zeigte diese Stuhlform eine Grazie, die die meisten Möbel des viktorianischen Zeitalters zumeist völlig vermissen ließen. Das Modell entwickelte sich aus der hohen Schulterstütze der Regency-Stühle, die in den zwanziger Jahren des 19. Jahrhunderts eine geschwungene Form mit abgerundeten Enden angenommen hatte. Daraus entstand dann ein Stuhl mit ovaler Lehne und geraden oder Cabriole-Beinen (Abb. 50). Diese Stücke sind häufig aus Mahagoni. Gleichzeitig entwickelten sich Polstersessel mit englischer Heftung in geschweiften Linien. Viele viktorianische Möbel wirken plump und sind daher wenig beliebt; doch Stühle dieser Art passen sich einer modernen Einrichtung an und sind daher heute äußerst gefragt (Abb. 51).

Der Ballon-rückenstuhl

53

52 *Elisabethani-*
scher Mahagoni-
stuhl, ca. 1845.
Die spiralartig
gedrechselten
Stützen und die
hohe, schmale
Lehne sind aber
eher typisch für
die Restaurations-
zeit um 1680. Mit
besticktem Blu-
menstoff aus der
Zeit überzogen.
(Victoria &
Albert Museum)

54

*53 Prié-Dieu,
ca. 1850, im
Englischen
manchmal auch
›Devotional
Chair‹ genannt.
Ebenso typisch
wie die T-förmige
Lehne ist der
Überzug aus
Blumenstickerei.
(Geffrye Museum)*

Die viktorianischen Versionen der ›elisabethanischen‹ Stuhlform
sind in Wirklichkeit einfallslose Kopien von hochlehnigen Stühlen
der Restaurationszeit. Mit ihren geraden, starren Lehnen sind sie
zudem äußerst unbequem. Gepolstert und mit einer originalen *Berliner Wollstickerei* überzogen, können sie jedoch recht attraktiv aussehen (Abb. 52).
Ein anderer, charakteristisch viktorianischer Stuhltyp mit hoher,
steifer Lehne war der *Prié-Dieu*, ein Gebetsstuhl für Familienandachten (Abb. 53).   *Prié-Dieu*
Ebenfalls in großen Mengen hergestellt wurden Polsterstühle mit
vergoldeten Rahmen, die das französische Rokoko zur Zeit von
Louis XV. nachahmten und auf gewisse Weise auch einigen Entwürfen *Chippendales* ähnelten. Stühle im neugotischen Stil, meist aus
Eiche, waren weniger häufig und hauptsächlich in den Bibliotheken
zu finden. In den meisten Fällen bestand das ›Gotische‹ an ihnen

54 *Stuhl aus lackiertem, vergoldetem und bemaltem Papiermaché, ca. 1860. Auf der Lehne ist eine Klosterruine dargestellt. Diese romantischen Motive waren von der Literatur des frühen 19. Jahrhunderts inspiriert, z. B. von Romanen von Walter Scott. (Victoria & Albert Museum)*

weniger in ihrem strukturellen Aufbau als vielmehr in ihren reichgeschnitzten Dekorationen. In diesem Sinne waren sie eine Fortsetzung des Mitte des 18. Jahrhunderts beginnenden Klassizismus, der auch während der Regency-Periode noch einige begeisterte Anhänger hatte (Abb. 48).

Ein neuer Werkstoff, der während des frühen viktorianischen Zeitalters in der Möbelherstellung eingeführt wurde, war das *Papiermaché*. Es wurde entweder in Form gepreßt oder aber Lage für Lage zu einer Form aufgebaut. Das fertige Stück wurde dann, in chinoiser Manier, schwarz lackiert, mit Perlmuttintarsien verziert und gewöhnlich mit einem Blumenmotiv bemalt (Abb. 54). Das Herstellungszentrum war Birmingham; Jennens und Bettridge hießen die führenden Firmen. An Möbeln dieser Art findet sich oft ihr Stempel.

Papiermaché-Stühle

Den größten Einfluß auf das spät-viktorianische Möbel-Design aber hatten *William Morris* und seine Schüler. *Morris* erkannte, welch unselige Folgen das Maschinenzeitalter auf die viktorianische

Morris und das Möbeldesign

55 *Armstuhl aus auf Ebenholz gebeizter Buche, mit einem Sitz aus Schilfgeflecht. Dieser Stuhltyp, Sussex-Stuhl genannt, wurde ab 1865 von der Firma William Morris & Co. hergestellt. Er war für den weniger begüterten Kunden gedacht und stellte eine Alternative zu den Erzeugnissen der kommerziellen Möbelhersteller dar, denen Morris in ihren Entwürfen und Arbeitsmethoden Geschmacklosigkeit vorwarf, die das Selbstgefühl der Handwerker schwäche. (Victoria & Albert Museum)*

Der Sussex-Stuhl

Gesellschaft hatte, daß das echte, wahre Kunsthandwerk ernsthaft in Gefahr war, in Mittelmäßigkeit und Geschmacklosigkeit abzusinken – und so sah er sich als Retter berufen. *Morris* war selbst kein Möbel-Designer, doch die Firma, die er 1861 gründete (Morris, Marshall, Faulkner and Company), brachte Möbel auf den Markt, die ebenso den reichen wie auch den weniger begüterten Bürgern gefielen. Eines der erfolgreichsten Modelle der Firma war der *Sussex-Stuhl* (Abb. 55). Seine Konzeption beruhte auf ländlichen Stuhltypen, die hier und da immer noch hergestellt wurden. Diese durch die Rückkehr zum schlichten Möbel, zum einfachen, ehrlichen Handwerkertum bestimmte Richtung, die Morris anstrebte, fand bald auch in anderen Firmen ihre Anhänger. Sie wurde allgemein unter dem Namen *Arts-and-Crafts-Movement* (Kunsthandwerks-Bewegung) bekannt. Dadurch, daß ein Kunsthandwerker nun wieder jede Phase der Herstellung eines Möbelstückes selbst vornehmen konnte, erwachte ein ganz neuer Handwerksstolz. Obgleich noch kaum Maschinen eingesetzt wurden, war in der kommerziellen Möbelherstellung der viktorianischen Ära die Arbeitsteilung üblich. Es konnte durchaus sein, daß ein Mann sein ganzes Leben lang nur eine ganz bestimmte Form von Stuhlbeinen anfertigte. Über die von *Morris'* Ideen und Aktivitäten inspirierte *Arts-and-Crafts-Bewegung* führt eine direkte Linie zum modernen, funktionellen Möbel-Design.

2. Tische

Der wichtigste Raum eines mittelalterlichen Hauses war die Halle. Diese Bedeutung als Zentrum des Familien- und Gesellschaftslebens behielt sie in England noch während des gesamten 16. und der ersten Hälfte des 17. Jahrhunderts bei. Im Mittelalter fand in der Halle vor allem das gemeinsame Essen statt; der Hausherr, seine Familie und die Gäste saßen an einem Ende auf einer erhöhten Estrade, die Bediensteten und Gefolgsleute dagegen im Hauptteil der Halle. Gegessen wurde meist an *Trestle-Tischen,* Tischen in Bockkonstruktion mit einer massiven Rüsterplatte. In Penhurst Place in Kent zum Beispiel sind einige Exemplare solcher Tische aus dem späten 15. Jahrhundert erhalten; die fast neun Meter langen Platten ruhen auf je drei massiven Mittelpfeilern aus Eiche. Einige Tische in Bockkonstruktion ließen sich sogar mit einigen Handgriffen auseinandernehmen, wenn die Halle wieder für andere gesellschaftliche Anlässe gebraucht wurde.

Trestle-Tische

Frühe Ausziehtische

Als Alternative zu diesen *Trestle-Tischen* entwickelte sich im späten Mittelalter der Kastentisch. Er war während des ganzen 16. Jahrhunderts in Gebrauch, während die Bocktische allmählich ihre Bedeutung verloren.

Während der Tudor-Zeit stellte man bereits größere Ansprüche, was Komfort und Bequemlichkeit anbetraf. So stattete man die Häuser mit einem Extra-Speisezimmer aus, in dem der Hausherr und seine Familie ohne die Bediensteten tafelten; da dieser Raum viel kleiner als die früheren Hallen war, brauchte man dementsprechend kleinere Tische. Sie waren gewöhnlich aus Eiche und rechteckig in der Form. Sie ruhten an den Ecken auf geschnitzten oder gedrechselten Beinen, die in Bodennähe durch Fußleisten miteinander verbunden waren. Von etwa 1575 bis 1620 waren die

Beine recht voluminös und prunkvoll gestaltet, mit massiven gedrehten und geschnitzten Wülsten, die wie Deckelvasen aussahen. Dieses Detail hatte man flämischen Musterbüchern entnommen, die damals viel dazu beitrugen, die Renaissance in England zu verbreiten. In die Ausbuchtungen der Tischbeine waren entweder Akanthusblätter oder erhabene Verzierungen eingeschnitzt (Abb. 56 und 57). Der untere Rahmen des Tisches war entweder ebenfalls geschnitzt (Abb. 56) oder mit Mooreichen- und Stechpalmenhölzern in geometrischen Mustern intarsiert (Abb. 57). Manche dieser Tische hatten zwei Einlegbretter, die man herausziehen konnte, um den Tisch zu verlängern (Abb. 56). Diese sogenannten *Ausziehtische* stammen ursprünglich wahrscheinlich vom europäischen Festland; in England tauchten sie erstmals 1550 auf.

Abgesehen von diesen großen Tafeln gab es im 16. und der ersten Hälfte des 17. Jahrhunderts eine ganze Reihe von kleineren Tischen, meist aus Eiche. Besonders häufig waren im 17. Jahrhundert die **Gate-Leg-Tische** *Gate-Leg-Tische,* die ›Torbeintische‹. Das Beispiel auf Abb. 58 hat schlichtgeformte Balusterbeine, die auf einer Drechslerwippe hergestellt wurden; der Tisch stammt wahrscheinlich aus der Mitte des 17. Jahrhunderts. Er wurde nach dem damals allgemein gebräuchlichen Prinzip der Verzapfung mit Holzstiften zusammengefügt. Ein Torbein an der Rückseite läßt sich herausklappen und stützt auf diese Weise eine halbkreisförmige Platte, die sonst an der stationären Hälfte der Tischplatte abgeklappt wird. Andere kleine Tische hatten eine aufklappbare Platte, unter der sich ein Fach verbarg, in dem man allerhand aufbewahren konnte (Abb. 59). Der abgebildete Tisch ist zwar mit der Jahreszahl 1677 datiert, doch die typische Lünettenschnitzerei an der Vorderseite und die einfachen, gedrechselten Balusterbeine sind durchaus auch an ähnlichen, aber fünfzig Jahre früheren Tischen zu finden. In ländlichen Gegenden wurden diese traditionellen Eichenmöbel noch über das Ende des 17. Jahrhunderts hinaus hergestellt, während sie in London und anderen größeren Städten schon längst aus der Mode gekommen waren.

56 Ausziehtisch aus Eiche, ca. 1600, mit reliefartigen Verzierungen an der Zarge und vasenförmigen, mit geschnitzten Arkanthusmotiven verzierten Balustern. (Mallett)

57 Ausziehtisch aus Eiche mit intarsierter Zarge, ca. 1600. Die vasenförmigen Baluster sind reliefartig geschnitzt, in die Stege sind geometrische Muster eingeritzt. (Spink)

58 *Gate-Leg-Tisch (Torbeintisch) aus Eiche, ca. 1640, mit geschnitzter Zarge, Balusterbeinen und Fußbrett. (Spink)*

59 *Seitentisch aus Eiche mit der eingeschnitzten Jahreszahl 1677. Unter der aufklappbaren Tischplatte befindet sich ein Fach. In die Vorderseite sind die Initialen des Besitzers und ein typisches Lünettenmotiv eingeschnitzt. (Geffrye Museum)*

60 *Gate-Leg-Eßtisch aus Eiche, ca. 1670, mit zwei herausklappbaren Torbeinen und baluster-förmig gedrechselten Beinen und Stegen. (Hotspur)*

Kleine Tische fanden vielerlei Verwendung. Manche wurden wahr-scheinlich als Spieltische benutzt; Kartenspiele waren damals sehr *Frühe Spieltische* beliebt. Obgleich fast alle heute noch existierenden Tische aus Eiche und, abgesehen von Schnitzereien, relativ schlicht sind, ist aus alten Inventarverzeichnissen bekannt, daß es in vornehmen Herrschafts-häusern durchaus auch kostbare Tische aus Nußbaum gegeben hat, manche sogar mit raffiniert geformten, importierten Marmorplatten. Ein solches Exemplar mit einem Eichenkorpus ist in der Galerie von Aston Hall in Birmingham zu sehen.

In der zweiten Hälfte des 17. Jahrhunderts löste der große *Gate-Leg-Tisch* weitgehend die ältere Kastenform als Eßtisch ab (Abb. 60). Die Tischplatten sind rund oder oval. Üblich sind zwei herunterklappbare Teile mit den entsprechenden, stützenden Tor-beinen. Bei größeren Exemplaren finden sich manchmal sogar je

▶

II Prié-Dieu, Niederer Stuhl aus Mahagoni, mit zeitgenössischem besticktem Bezug, ca. 1860. (Dry von Zezschwitz, München)

61 Nußbaumtischchen (Centre Table), ca. 1680, auf gedrechselten Beinen, die durch flache, kreuzförmig geschweifte Stege verbunden sind. Die Tischplatte mit Hirnholzfurnier erhält durch Bandintarsien aus Sykomorenholz zusätzliche Akzente. (Harris)

62 Ausschnitt der Tischplatte von Abb. 61. Das dekorative Hirnholzfurnier ist hier deutlich zu sehen.

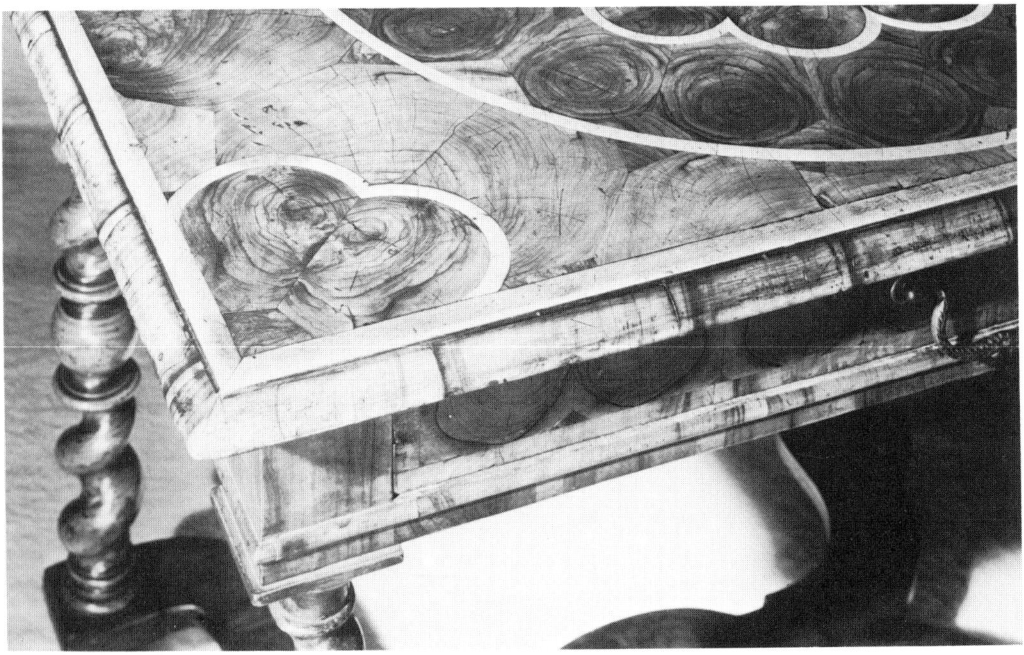

zwei Stützen an jedem Ende. Die Beine und Stützen boten Raum für kunstvolle Drechslerarbeiten; sie waren entweder balusterförmig oder spiralartig gedreht.

Doch diese größere Form des *Gate-Leg-Tisches* konnte sich nur kurze Zeit halten. Schon während der Restaurationszeit benutzt man lieber mehrere kleinere Tische als einen einzigen großen Eßtisch. Abgesehen von wenigen Ausnahmen findet sich der große Speisetisch erst wieder in der letzten Dekade des 18. Jahrhunderts.

Der typische Tisch der späteren Stuart-Periode hatte eine rechteckige Platte, die oft auf spiralartig gedrehten Beinen ruhte. Die Beine waren durch flache, geschwungene Stege verbunden, die sich in

Tische der Stuart-Periode

63 Centre Table, Scagliola auf einem Fichtenholzkern, ca. 1680. Obwohl Scagliola-Arbeiten zu dieser Zeit vor allem in Italien hergestellt wurden, und hier besonders in Florenz, weisen Art und Ausführung dieses Stücks auf holländischen Ursprung hin. (Victoria & Albert Museum)

X-Form kreuzten (Abb. 61 und 63). Die Tischplatten wurden kunstvoll verziert und oft mit kostbarem Nußbaum-, Oliven- oder Goldregenholz furniert. Besonders beliebt war das sogenannte *Oysterveneer* (=Austernfurnier), das im Deutschen ›Hirnholzfurnier‹ heißt. Dabei wurde das Holz quer zur Maserung geschnitten, so daß sich nebeneinander immer das gleiche Muster wiederfand. Zusammengesetzt ergab sich ein hübsches Bild, wobei die Zwischenräume mit passendem anderen Furnier ausgefüllt wurden. Schmale Kreise und Ovale aus Stechpalmenholz erhöhten noch die dekorative Wirkung (Abb. 62).

Marketerie Solches Hirnholzfurnier bildete oft die dekorative Umrahmung einer zentralen Marketeriearbeit aus in der Helligkeit kontrastierenden Hölzern, die oftmals eine Blumenvase darstellten. Größtmögliche Wirklichkeitsnähe erreichte man dadurch, daß man die Stengel und Blätter aus grüngefärbtem Bein oder Sykomorenholz bildete. Solche Marketeriearbeiten folgen einer holländischen Tradition; zweifellos wurde diese Kunst durch kontinentaleuropäische Handwerker eingeführt. Sie waren nach England ausgewandert und hatten sich nach der Restauration Charles II. an dessen Hof begeben. 1660 war dieser aus seinem holländischen Exil in die Heimat zurückgekehrt. In jener Zeit entstanden auch einige Tische

64 Scagliola-Platte des Tisches auf Abb. 63.

mit Platten aus *Scagliola*. Dieses Material, das wie Marmor aussah, bestand aus einer Kunststeinmasse, der man Marmor- und Alabastersplitter, Gips etc. beimengte. Mit diesem Werkstoff ließen sich vielgestaltige Muster und Motive formen. Die Platte des Tisches auf Abb. 63 stammt wahrscheinlich aus einer holländischen Werkstatt. Hier sind Blumen, Vögel und Insekten ganz naturgetreu in *Scagliola* dargestellt (Abb. 64). Die früheste englische Arbeit aus diesem Material, die erhalten ist, ist ein Ofenschirm in Ham House in Surrey, der in die Jahre zwischen 1673 bis 75 datiert wird. Der abgebildete Tisch weist erstaunliche Parallelen zu diesem Stück auf und muß folglich etwa aus der gleichen Zeit stammen.

Ende des 15. Jahrhunderts hatten die Portugiesen den Seeweg in den Fernen Osten entdeckt. Es hatte sich ein reger Handel zwischen Europa und dem Orient entwickelt, an dem zu Beginn des 17. Jahrhunderts auch holländische, französische und englische Kaufleute einen großen Anteil hatten. Im Zuge dieses Handelsaustausches wurden auch einige Lackmöbel aus China und Japan importiert, sozusagen als Kuriositäten. Es ist überliefert, daß verschiedene englische Edelleute zur Zeit James I., zum Beispiel Lord Northampton, solche Stücke besaßen. Doch erst nach der Restauration von Charles II. setzte eine große Nachfrage nach solchen lackierten Möbeln ein. Ihre ungeheure Beliebtheit führte schließlich dazu, daß man sie auch in England zu imitieren begann. Solche nachgemachten Lackarbeiten bezeichnet man als ›japanned‹, d. h. auf japanische Art lackiert. Der Untergrund ist gewöhnlich schwarz oder rot, in seltenen Fällen auch blau, grün oder bräunlich. Die fernöstlich anmutenden gemalten Figuren und Landschaften wurden durch Vergoldungen betont und hervorgehoben. Diese Lackarbeiten erlebten ihre höchste Blütezeit von 1680 bis 1720; einen entscheidenden Anstoß dazu gab 1688 die Veröffentlichung des Handbuchs von *John Stalker* und *George Parker* mit dem Titel ›Treatise of Japanning and Varnishing‹. Es enthielt genaue Arbeitsanleitungen und einige Muster für pseudo-fernöstliche Motive.

Abb. 65 zeigt einen kleinen Kartentisch. An der Rückseite lassen sich zwei Gate-Legs herausschwenken. Sie stützen dann die halbkreisförmige zweite Hälfte der Tischplatte, die auf der Abbildung nach vorn geklappt ist. Solche Tische gab es auch aus Nußbaum; manchmal waren kleine Schubladen in den Fries eingearbeitet.

65 *Auf japani-*
sche Art lackier-
ter Spieltisch, ca.
1700, mit auf-
klappbarer Tisch-
platte und in
Scharnieren hän-
genden Stützen.
Die baluster-
förmigen Beine
sind typisch für
die Zeit. (Mallett)

Barocktische

Eine andere Kunst, die sich mit Hilfe kontinentaler Handwerker im England der letzten Stuarts entwickelte, war die des Vergoldens. Ein Name ist hier besonders hervorzuheben: der von *Jean Pelletier*. Dieser Kunstschnitzer und Vergolder französischer Herkunft arbeitete in England von 1690 bis 1710. Er gehörte zu jenen ausländischen Möbelschreinern, die an den Hof des kunstliebenden Charles II. gezogen waren. Der Zustrom begabter Kunsthandwerker vom europäischen Festland hatte lange vor dem Widerruf des Ediktes von Nantes im Jahre 1685 eingesetzt, und er bewirkte, abgesehen von den ländlichen Gebieten, einen raschen Niveauanstieg in der englischen Möbelherstellung. Für die Repräsentationsräume in den Stadtpalästen und Landhäusern der Stuarts wurden nun prächtige, vergoldete Prunkmöbel geschaffen. Wie die Gesamtausstattung dieser Häuser spiegeln auch die Möbel den Beginn des Barocks in England.

Um 1680 waren schwere, geschnitzte Untergestelle im Stil von *Grinling Gibbons* sehr beliebt, auf denen besonders gern Puttenköpfe, Blütengirlanden, Früchte, Laubwerk und Vögel dargestellt wurden.

Viele Tische hatten Marmorplatten, wie auch jener, der auf Abb. 66 gezeigt wird. Diese Tische waren, wenn sie an die Wand gerückt wurden, als *Side Tables* nur vorn und an den Seiten verziert, oder aber sie standen als *Centre Tables,* rings herum kostbar ausgearbeitet, mitten im Raum.

Um 1700 änderte sich der Stil; die rechteckigen Platten wurden nun mit sog. ›Gesso‹ verziert (Ein Gipsharzgemisch für Reliefdekorationen auf gefaßten oder vergoldeten Möbeln), sie erhielten üppige Schnörkel und Voluten, oft war auch das Monogramm des Hausherrn eingearbeitet. Die formenreiche Gestaltung der Beine und Stege war ebenfalls den kontinentaleuropäischen Designern wie

*Tische im
18. Jahrhundert*

*66 Konsoltisch
aus geschnitztem
und vergoldetem
Lindenholz mit
Marmorplatte,
ca. 1680. Das
Schnitzwerk zeigt
den Stil Grinling
Gibbons. (Spink)*

69

Tische

67 Geschnitzter
und vergoldeter
Konsoltisch, ca
1700. Die blatt-
artigen Motive
auf der Tisch-
platte, die relief-
artigen Schnitze-
reien an der Zarge
und den Beinen
und die Kreuz-
blume am Schnitt-
punkt der Stege
sind charakteristi-
sche Merkmale
dieser Zeit.
(Mallett)

68 Auf japani-
sche Art lackier-
ter Schreibtisch,
ca. 1690. Die
konisch zulau-
fenden, am oberen
Ende einge-
schnürten Beine
enden in Kugel-
füßen. (Mallett)

*69 Nußbaum-
tischchen, ca.
1690, mit konisch
zulaufenden
Beinen und ge-
schwungenen
Stegen. (Mallett)*

Jean Berain und *Daniel Marot* abgeschaut (Abb. 67). In England tat
sich in diesem Stil vor allem *James Moore* (der zwischen 1708 und
1726 arbeitete) hervor. Er fertigte ähnliche Stücke für den königlichen Hof und andere wohlhabende Auftraggeber an.

Gegen Ende des 17. Jahrhunderts gab es eine ganze Reihe
verschiedener Tischformen für bestimmte Zwecke. Manche waren
rein dekorativ und repräsentativ; sie gehörten einfach zum innenar-
chitektonischen Konzept von Land- und Stadthäusern im Barock
wie sie Architekten wie *Christopher Wren, John Vanbrugh* und
William Talman entworfen hatten (Abb. 66 und 67). Andere waren
funktioneller, wie etwa der lackierte Schreibtisch (Abb. 68) mit
Schubladen rechts und links der Knieöffnung. Er hat eine ähnliche
Form wie die späteren *Kneehole Desks*.

Für die meisten zweckgebundenen Tische verwendeten die dama-
ligen Möbelschreiner Nußbaum; die Tischplatten konnten aber
auch, vor allem später, furniert sein. Das Tischchen auf Abb. 69 erfüllt deutlich einen völlig anderen Zweck als der Schreibtisch auf

*Neuartige
Tischformen*

71

70 Nußbaum-
Garderobentisch,
ca. 1730 mit ge-
schweiftem
Untergestell und
Cabriole Legs,
die in Ball- und
Klauenfüßen
enden. Am Knie
sind Akanthus-
motive einge-
schnitzt. (Mallett)

Abb. 68, obwohl beide die typischen Stilmerkmale der Zeit aufweisen. Die Beine laufen bei beiden konisch zu und sind am oberen
Ende eingeschnürt; sie enden in Kugelfüßen und sind durch flache,
geschweifte Stege verbunden.

Queen-Anne-
Tische

Die Queen-Anne-Periode brachte *Cabriole-Legs,* geschwungene
Tischbeine. Dieses Charakteristikum konnte sich, in etlichen Variationen, bis ca. 1760 halten. Während der georgianischen Ära
wurden in die Knie Akanthusblätter (Abb. 70) oder Muschelmotive
(Abb. 72) eingeschnitzt, und die Tischbeine endeten, entsprechend
den Stuhlbeinen jener Zeit, in *Ball- und Klauenfüßen.* Unter dem

71 Geschnitzter und vergoldeter Konsoltisch, ca. 1720. Platte und Fries sind mit Akanthusmotiven verziert, die leicht geschwungenen Beine enden in Ball- und Klauenfüßen. (Mallett)

72 Nußbaum-kartentisch, ca. 1720. Die in Ball- und Klauenfüßen endenden Beine weisen am Knie geschnitzte Muschelmotive auf. In die Tischplatte sind Vertiefungen für Kerzen und Spielmarken eingelassen. (Mallett)

73 *Geschnitzter und vergoldeter Konsoltisch mit Marmorplatte, ca. 1740. In die Zarge ist ein antikes Wellenband eingeschnitzt; die geschwungenen Beine mit den ausdrucksvollen Löwenmasken am Knie enden in Ball- und Klauenfüßen. (Harris)*

Fries befanden sich meist weit heruntergezogene, geschweifte Blenden (Abb. 70 und 71).

Eigenheiten georgianischer Tische

Eng verbunden mit der frühen georgianischen Periode (Early Georgian) ist eine neue Form des Spieltischs (Abb. 72). Die früheren Gate-Leg-Spieltische hatten so viele Stützen, daß die Spieler mit den Füßen unweigerlich ständig in Konflikt mit den Tischbeinen und Stegen gerieten. Beim neuen Typ konnte man die Tischplatte in der Mitte zusammenklappen; der Rahmen ließ sich wie eine Zieharmonika auseinanderziehen. So hatte der Tisch jeweils nur ein Bein an jeder Ecke. Aufgeklappt hatte der Tisch eine meist mit grünem Filz überzogene Spielfläche mit polierten Vertiefungen für Münzen und Spielmarken. Die Popularität dieses Tischtyps läßt auch auf die Spielleidenschaft schließen, die damals nicht nur die Herren, sondern auch die Damen ergriffen hatte.

74 Geschnitzter und vergoldeter Konsoltisch mit Marmorplatte, ca. 1745. Eine Faunsmaske bildet das Zentralmotiv des Frieses, umgeben von Festons und Blattgirlanden. Auch die Voluten am unteren Ende der geschwungenen Beine zieren Satyrköpfe. (Mallett)

Unter dem Einfluß der barocken Innenausstattungen, die der Architekt *William Kent* entworfen hatte, wurden in den späten zwanziger Jahren des 18. Jahrhunderts die Schnitzereien an den Knien und Zargen wieder stärker betont. In den dreißiger Jahren kam Nußbaumholz allmählich aus der Mode; es wurde weitgehend durch Mahagoni ersetzt. Typisch für diese Zeit ist der Tisch auf der *Mahagonitische* Abb. 73. Die geschnitzte Löwenmaske am Knie, die minutiöse Ausarbeitung des Klauenfußes und das klassizistische Wellenband an der Zarge sind charakteristische Merkmale des mit Kent in Zusammenhang stehenden Stils.

Die Platten von dekorativen Seitentischen waren oft aus Marmor oder *Scagliola,* einige bestanden aus antiken Mosaiken, die man aus Italien herübergebracht hatte. Seiten- und Konsoltische (Abb. 71

75 Geschnitzte
und vergoldete
Konsole mit
Marmorplatte,
ca. 1730. Die
Platte ruht auf
einem massiven
Fuß in Form eines
Adlers. Im Stil
von William
Kent. (Mallett)

76 Geschnitzter
und vergoldeter
Konsoltisch mit
Marmorplatte,
ca. 1735. Die
Platte ruht auf
zwei Adlern, die
durch Blattgirlan-
den mit dem
Zentralmotiv,
einer Löwen-
maske, verbun-
den sind. Eine
verschnörkelte
Zierleiste am
Sockel stützt in
der Mitte eine
große Muschel.
Im Stil von
William Kent.
(Mallett)

77 *Geschnitzter und vergoldeter Konsoltisch mit Marmorplatte, ca. 1750. Die geschweiften Beine lösen sich in ornamenthafte Schwünge auf, die Stege stützen ein zentrales Muschelornament. In den C- und S-förmigen Schnörkeln und dem Muschelmotiv zeigt sich deutlich der Einfluß des Rokoko. (Mallett)*

und 74) wurden vorzugsweise vergoldet. Blattgirlanden und Mittelmotive in Form von Menschen- oder Tiermasken (Abb. 74 und 76) zierten den Fries. Bei den Konsoltischen, die unter einem Spiegel an der Wand befestigt wurden, verzichtete man oft ganz auf konventionelle Beinformen und stützte die Marmorplatten durch prachtvolle Adler- (Abb. 75) oder Delphinkörper.

An dekorativen, vergoldeten Tischen dieser Art zeigte sich besonders ausgeprägt der Einfluß des Rokokos, der bald nach 1740 in England spürbar wurde. Dieser neue, leichte Stil hatte sich in Frankreich entwickelt, als Reaktion auf die pompöse Schwerfälligkeit des im Formalen erstarrten Barocks, wie er für Versailles und den Hof von Louis XIV. kennzeichnend war. Der Tisch auf Abb. 77

Rokoko-
Tischformen

77

78 *Mahagoniteetisch, ca. 1750. Der mit Akanthusmotiven verzierte Dreifuß endet in Ball- und Klauen-Füßen. (Hotspur)*

79 *Tee- oder*
China-Tisch aus
Mahagoni, ca.
1760, auf quadra-
tischen Beinen
mit Blockfüßen
und durchbro-
chenen Winkel-
stützen zwischen
den Beinen und
der Zarge.
(Mallett)

beispielsweise zeigt den neuen Einfluß des Rokokos ganz deutlich. Der prunkvolle Formalismus der Tische im Stil von *Kent* wurde durch einen schwingenden Rhythmus in Form und Bewegung abgelöst. Diese Wirkung drückte sich hauptsächlich in den C- und S-förmigen Schwüngen der nun sehr viel leichteren Rahmen aus. Die schwungvolle Linienführung läßt sich mit der Ruhelosigkeit von Meereswellen vergleichen. Tische solchen Stils sind in der ersten Ausgabe von *Thomas Chippendales* ›Director‹ (1754) und im ›Universal System‹ (1762) von *William Ince* und *John Mayhew* abgebildet.

Tischformen
von Thomas
Chippendale

Eine weitere Tischform aus der Zeit *Chippendales* ist der auf einem Dreifuß ruhende, kleine Teetisch, der *Tripod Tea Table* (Abb. 78). Die runden oder rechteckigen Tischplatten hatten einen erhabenen Rand, der oft gitterartig durchbrochen war, um die Teetassen oder anderes Porzellan vor dem Herunterfallen zu bewahren. Die Platte war durch einen Kippbeschlag am Fuß befestigt. So konnte man sie bei Bedarf senkrecht aufstellen und sparte dadurch viel Platz.

Trotz des hohen Teepreises hatte sich Mitte des 18. Jahrhunderts die Sitte der nachmittäglichen ›Tea Time‹ bei den herrschenden und wohlhabenderen Gesellschaftsschichten Englands eingebürgert. Ge-

80 Damenschreibtisch aus Mahagoni, ca. 1770. Die geschwungenen Beine und die leichte Form im ganzen verraten französischen Einfluß. An der Rückseite ist ein mit gefältelter Seide bespannter Schutzschirm befestigt. Man kann ihn hochziehen und so das Gesicht vor der Hitze des Kaminfeuers schützen. (Harris)

Teetischchen

gen Ende des Jahrhunderts kam das Teetrinken sogar bei den niedrigen Bevölkerungsschichten in Mode. Aus dieser Zeit sind Tische bekannt, in deren Platten verschiedene Vertiefungen für Teller eingelassen waren. Man bezeichnet sie gewöhnlich als *Supper Tables*. Rechteckige Tische auf geraden Beinen mit erhöhtem, durchbrochenem Rand werden von *Chippendale* in seinem ›Director‹ als *China Tables* (China Tische) aufgeführt (Abb. 79). Sie hatten zwar die gleiche Funktion wie die Dreifuß-Klapptische, doch konnte man mehr auf ihnen abstellen.

Ein phantasievolles Design zeigt das auf Tafel 80 abgebildete Tischchen mit seiner unterschwellig vom Rokoko beeinflußten Form. Es diente wahrscheinlich als Damenschreibtisch. An der Rückseite war ein mit gefältelter Seide bespannter Schutzschirm angebracht. Man konnte ihn hochziehen und so das Gesicht vor der Hitze des Kaminfeuers schützen. Eine Zeitlang war diese Tischform

81 Mahagoni-kartentisch mit Bandintarsien und kleinen Marketeriemoti-ven in Form von Paterae, oberhalb der quadratischen, sich nach unten verjüngenden Beine, ca. 1785. (Mallett)

sehr beliebt; sie findet sich auch in *Thomas Sheratons* ›Drawing Book‹ (1791–94) abgebildet.

Ab 1760 war der Einfluß *Robert Adams* und des Klassizismus im Möbel-Design deutlich spürbar geworden, die Tische erhielten merklich einfachere Konturen. Eine der geläufigsten Tischformen aus der *Adam/Hepplewhite*-Periode ist der halbrunde Seiten- oder Spieltisch (Abb. 81). Die geraden, konisch zulaufenden Beine enden oft in Spatenfüßen: Auf Schnitzereien wird fast völlig verzichtet: An ihre Stelle treten als einzige Verzierungen Marketeriearbeiten und Bandeinlagen aus andersfarbigem Holz.

Zu dieser Zeit war das harte, wenig strukturierte spanische Mahagoni aus Santo Domingo bereits durch die attraktiveren Mahagoniarten aus Kuba und Honduras abgelöst worden, die eine lebhafte Maserung und verschiedene Farbschattierungen aufwiesen.

Eine weitere Tischform, die den Höhepunkt ihrer Beliebtheit im

Tisch-Design bei Adam und Hepplewhite

81

Pembroke-Tisch

letzten Viertel des 18. Jahrhunderts erreichte, war der sogenannte *Pembroke-Tisch* (Abb. 82). Diese Form war *Chippendale* bereits bekannt; er bezeichnete sie in seinem ›Director‹ als ›Frühstückstisch‹ (Breakfast Table). Aus den sechziger Jahren des 18. Jahrhunderts stammende Exemplare haben gewöhnlich diagonal laufende Stege zwischen den Beinen. Der *Pembroke-Tisch* wurde angeblich nach einer Gräfin Pembroke benannt, von der *Thomas Sheraton* schreibt, sie wäre die erste gewesen, die einen Tisch dieser Art in Auftrag gab. Der *Pembroke-Tisch* besteht aus einem Mittelteil mit durchgehender Schublade unter der Tischplatte und zwei Klappen an den Seiten. Sie ruhen auf Winkelstützen, die sich aus dem Mittelteil herausschwenken lassen. Mit ausgeklappten Seitenteilen ist die Tischfläche meist doppelt so groß, da jedes Klappteil gewöhnlich die halbe Fläche des Mittelteils mißt. Unter die geraden, konisch zulaufenden Beine waren oft Laufrollen montiert, so daß man den

82 Pembroke-Tisch aus Mahagoni, ca. 1780, auf quadratischen, konisch zulaufenden Beinen, mit Schnitzmotiven in Form von Schalen und Paterae am Fries. (Mallett)

*83 Mahagonießtisch, ca. 1795. Der Tisch besteht aus zwei D-förmigen Seiten- und einem Mittel-
tisch, wobei jedes Teil von einem gedrechselten Schaft getragen wird, der in vier geschweifte Füße
ausläuft. (Mallett)*

Tisch ohne Schwierigkeiten herumschieben konnte. An den Schubladen der meisten *Pembroke-Tische* waren sowohl vorn als auch an
der blinden Rückseite je zwei Griffe oder Knöpfe aus geformtem
oder gegossenem Messing angebracht.

Man konnte diese *PembrokeTische* ebenso gut als Frühstückstisch
wie auch als Schreibtisch verwenden. Eine besondere Variante, der
sogenannte ›Harlekin‹ *Pembroke-Tisch,* hatte zusätzlich einen ganzen Satz von Schubladen und Fächern für Schreibzeug, die durch
einen besonderen Mechanismus aus der Vertiefung hervorgeholt
werden konnten. Die meisten *Pembroke-Tische* sind aus Mahagoni;
es gibt jedoch auch einige bemalte Exemplare aus Satinholz.
Manche Stücke haben geschwungene Tischplatten, dekorative
Randverzierungen und Marketeriedekor. Kleine *Pembroke-Tische*
von guter Qualität sind heute sehr gesucht.

Große Eßtische waren während des gesamten 18. Jahrhunderts
nicht in Mode; nur für die Dauer der Mahlzeiten wurden mehrere
kleine Tische im Raum aufgestellt. Es finden sich in *Chippendales*
Musterbüchern ebensowenig wie bei anderen bedeutenden Formge-

*D-förmige Halb-
rund-Tische*

84 *Mahagonieß-tisch, ca. 1800. Die Platte hat einen querfurnier-ten Rand und ruht auf einem Schaft, der in vier, auf Laufrollen montierte, ge-schweifte Füße ausläuft. (Mallett)*

staltern der Mitte des 18. Jahrhunderts Entwürfe für Eßtische, obwohl sie natürlich auch in dieser Zeit – wenn auch in kleinen Mengen – hergestellt wurden. Um 1790 jedoch erlebten große Eßtische eine Renaissance. Eine besonders beliebte Form bestand aus zwei D-förmigen Halbrunds, die jeweils auf einen Dreifuß montiert waren. Durch Einlegeplatten oder einen eigenständigen Mitteltisch konnte die Eßfläche erheblich vergrößert werden (Abb. 83).

Runde Tische mit Mittelfuß Gleichermaßen populär war der runde Tisch mit Mittelfuß, dessen Platte man senkrecht hochklappen konnte (Abb. 84). Er war bequem zu bewegen und platzsparend zu verstauen. Überhaupt bevorzugte man lange Zeit den runden Tisch, der bis in die Mitte des 19. Jahrhunderts hinein gebräuchlich war.

Eine besondere Variante bildete der *Capstan-Tisch* (Abb. 85). Auch er ließ sich durch zusätzliche Einlegeplatten beträchtlich vergrößern. Die Londoner Kunstschreiner *Johnstone, Jupe & Co.* ließen sich diese Tischform im Jahre 1835 patentieren.

Capstan-Tische

Während der Regency-Periode bildete sich eine ganze Reihe neuer Tischformen heraus. Eine der attraktivsten waren Sätze sogenannter *Quartetto-Beistelltische* (Abb. 86). Sie hatten unterschiedlich hohe Beine, so daß sich alle vier gestaffelt untereinanderschieben ließen. Diese Tischform ist auch in *Thomas Sheratons* ›Cabinet Dictionary‹ (1803) aufgeführt und offenbar den ersten Dekaden des 19. Jahrhunderts zuzuordnen. Die *Quartetto-Tische* sind sehr praktisch, da sie wenig Platz beanspruchen. Sie dürften sich vor allem in den relativ beschränkten Räumlichkeiten der Mittelklasse bewährt haben. Es ist nicht leicht zu erklären, warum sie nur während einer so kurzen Zeitspanne hergestellt wurden. Weil sie auch in heutige Neubauwohnungen sehr gut hineinpassen, wurde das Design in den letzten Jahren vielfältig wiederaufgenommen.

Beistelltische

85 Capstan-Eßtisch aus Mahagoni, ca. 1840, in seiner größtmöglichen Ausdehnung. Die Tischplatte wird von einer mittleren und vier seitlichen, gedrechselten Säulen gestützt, die auf einem massiven Sockel ruhen. (Harris)

*86 Ineinander-
passende ›Quar-
tetto‹-Tischchen
aus Mahagoni,
ca. 1810, auf
schlanken, ge-
drechselten
Stützen. (Mallett)*

*Thomas Hopes
Einfluß auf das
Tischdesign*

Die Formgebung der Regency-Tische und -Möbel ganz allgemein
verrät den Einfluß des Kunstkenners und Amateurarchitekten
Thomas Hope. In der Duchess Street in London besaß er ein Haus,
in dem er seine Sammlung alter und klassisch antiker Kunstwerke
aufbewahrte. Seine Versuche, für dieses Haus die passenden Möbel
selbst zu entwerfen, führten schließlich dazu, antike Möbelformen

*87 Mahagoni-
schreibtisch, ca.
1810. Die beiden
Vorderbeine sind
als stilisierte
Löwenmono-
podien ausgebil-
det. Im Stil von
Thomas Hope.
(Mallett)*

*88 Schreibtisch
aus Palisander,
ca. 1810, auf
x-förmig gekreuz-
ten Beinen. Die
Zierbeschläge,
die Schlüsselloch-
einfassungen und
die Schubladen-
griffe sind aus
Metall. (Mallett)*

Tische mit antikisierenden Ornamenten

neu zu beleben. Die Kopie des griechischen *Klismos* und die Auswirkungen auf das englische Möbel-Design wurde bereits erwähnt
(siehe Seite 47). Aber auch bei den Tischen zeigt sich *Hopes* Einfluß. Sie werden von stilisierten Tierkörpern getragen: der Kopf
stützt die Tischplatte, die Beine haben die Form einer Brust,
die allmählich in eine Klaue übergeht (Abb. 87). Andere Tische
ruhen auf Beinen, die X-förmig gekreuzt sind (Abb. 88) oder die
Gestalt einer Lyra haben. Auch diese Stilmittel sind antiken
Vorbildern nachempfunden.

Beschläge und Einfassungen aus Messing sind sehr beliebt und bei
Tischen an Beinen wie auch an der Platte zu finden (Abb. 90).

89 *Mahagonispieltisch mit Bandintarsien aus Buchsbaumholz, ca. 1810. Der Tisch steht auf vier
schlanken, gedrechselten Beinen, die Vertiefung zeigt eine Spielvorlage für Backgammon. (Mallett)*

Runde Tische auf einem massiven Mittelfuß setzten sich allgemein durch. Obwohl der Tisch auf Abb. 90 erst viel später entstand, geht er doch deutlich auf einen Entwurf in *Thomas Hopes* ›Household Furniture and Interior Decoration‹ (1807) zurück. Ein ähnlicher Tisch wurde für *Hopes* Haus in London gefertigt.

Auch in der Regency-Periode waren Spieltische sehr beliebt; oft *Regency-Tische* hatten sie in der Mitte eine Vertiefung für das auch heute wieder in Mode gekommene Backgammon (Abb. 89). In vielen Fällen ließen sich solche Vertiefungen durch eine ausziehbare Platte verdecken, in die ein Schachbrettmuster intarsiert war. Das auf Abb. 89 gezeigte Exemplar hat schlanke, gedrechselte Beine mit dekorativen, erhabe-

90 Palisandertisch, ca. 1820 auf ausgeschweiftem Sockel. Die Mittelstütze, die Fußplatte und die Kante der Tischplatte sind mit Messingintarsien verziert. Die Tischform geht auf einen Entwurf von Thomas Hope zurück, der einen ähnlichen Tisch für sein Haus in der Duchess Street anfertigen ließ. (Harris)

nen Ringen. Ähnliche Beinformen finden sich häufig an Tischen aus der Sheraton- und frühen Regency-Zeit (gewöhnlich nach 1800); sie lösten allmählich die viereckigen, sich nach unten verjüngenden Beine der Hepplewhite-Periode ab.

Eine weitere Tischform, die während des Regency entwickelt wurde, war der *Couchtisch.* Er ist gewöhnlich lang und schmal und läßt sich bei Bedarf durch zwei an den Seiten angebrachte Klappen vergrößern. Die beiden seitlichen Stützen mit ihren nach außen gebogenen Füßen sind durch einen Mittelsteg verbunden (Abb. 91); es finden sich jedoch auch Exemplare mit einem Mittelfuß. Wie schon der Name sagt, standen diese Tische neben einem Sofa; man benutzte sie zum Zeichnen, Schreiben oder Lesen. Wegen ihrer attraktiven Form und Größe und wegen ihrer vielseitigen Verwendbarkeit sind diese Tische heute sehr gefragt und ihre Preise dementsprechend hoch.

Couchtische

Obgleich die sogenannten *Rent Tables* (Abb. 92) (rent = Mietzins) bereits früher bekannt waren, sind sie doch typisch für die Regency-Periode. In die Zarge der runden Tischplatte sind Schubladen eingelassen, oft durch Buchstaben gekennzeichnet. Das gesamte Oberteil lagert gewöhnlich drehbar auf einem massiven Mittelfuß. Diese normalerweise recht großen, schweren Tische verwendete man bei der Abrechnung des Mietzinses, der von den Pächtern landwirtschaftlicher oder geschäftlicher Betriebe entrichtet werden mußte.

Rent Tables

Ganz ähnlich in der Form war der *Bibliothek- oder Lesetisch.* Bei dieser Tischform enthielt die tiefe Zarge eine Reihe von herausklappbaren Buchstützen. Es gab noch viele andere Variationen solcher *Drum Tables* (Trommeltische), die alle für das Regency kennzeichnend sind.

Bibliothek- oder Lesetisch

Während dieser Zeit kam auch das vergoldete Prunkmöbel für die Empfangsräume von Herrschaftshäusern wieder in Mode. Stützen in Form von Delphinen waren eine modische Nebenerscheinung der Seesiege von Lord Nelson (Abb. 93). Eine der schönsten Möbelgarnituren dieser Art war für die Empfangshalle des Marinekrankenhauses Greenwich Hospital bestimmt. Eine vermögende Witwe, Mrs. John Fish, hatte die Möbel aus Dankbarkeit über Lord Nelsons Erfolge gestiftet. Die Garnitur ist heute im Königlichen Pavillon in Brighton zu besichtigen.

Neben dem Klassizismus hatte sich im Regency die Neogotik als

91 Sofatisch aus
Palisander, ca.
1810, auf ge-
drechselten, nach
außen geschweif-
ten Stützen. Die
Beine sind auf
Laufrollen mon-
tiert. (Mallett)

92 Rent-Table
aus Mahagoni,
ca. 1800. In der
Mitte der Tisch-
platte befindet
sich ein Geheim-
fach, in die Zarge
sind Schubladen
eingelassen. Der
kastenförmige
Sockel enthält
Ablagen. (Mallett)

93 *Spieltisch mit intarsierter Marmorplatte. Der Mittelfuß mit seinen drei geschnitzten und vergol-deten Delphinkörpern ruht auf einer Fußplatte mit Klauenfüßen. Ca. 1820. (Mallett)*

gleichwertiger Baustil durchgesetzt. Die bedeutendsten Archiktek-ten dieser Zeit, *Wyatt*, *Smirke* und *Nash*, arbeiteten in beiden Stilarten, und König Georg IV. beauftragte *Jeffrey Wyatville* mit dem Entwurf für einen ausgedehnten Gebäudekomplex in neogotischer Manier für Schloß Windsor. Es ist daher nicht weiter verwunderlich, daß diese Stilrichtung auch in den Entwurfsvorlagen für Kunstschreiner auftaucht. In der Architektur wurde die Gotik nun besser verarbeitet, als das Mitte des 18. Jahrhunderts durch *Horace Walpole* geschehen war. Er hatte sich in Strawberry Hill in Twickenham (Middlesex) in dieser gotischen Stilrichtung versucht. Doch auch den Designern der Regency-Periode fehlte das wahre Verständnis für mittelalterliches Gestalten und Handwerk. Das zeigt sich sehr deutlich in den neogotischen Möbeln, die in dieser Zeit entstanden. Man übertrug lediglich mittelalterliche Dekorationsmotive, wie schlecht imitiertes gotisches Maßwerk, auf Möbelstücke, die sich in ihrer Grundkonzeption kaum von den Möbeln im sonst üblichen ›griechischen‹ Stil unterschieden (Abb. 94).

94 Schreibtisch, vergoldet und mit Ebenholzmaserung bemalt, im neogotischen Stil, ca. 1820. (Mallett)

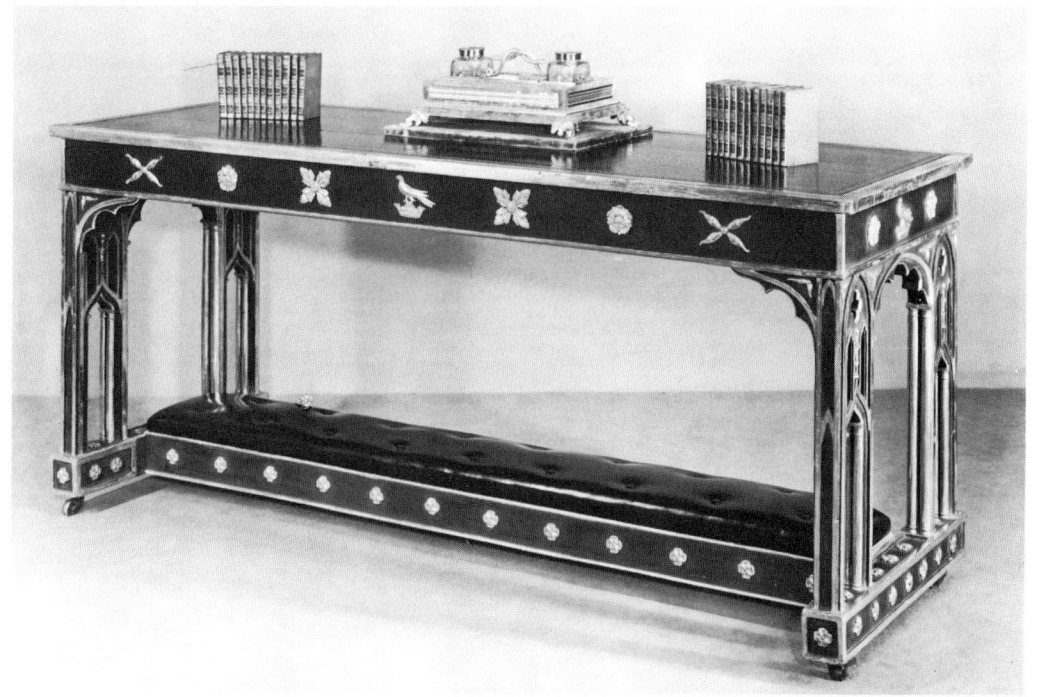

95 *Geschnitzter Nußbaumtisch mit intarsierter Platte nach einem Entwurf von A. W. N. Pugin. Er wurde 1847 von der Firma J. G. Crace für Abney Hall in Cheshire hergestellt. (Victoria & Albert Museum)*

Viktorianische Möbelentwerfer

Ein sehr erfolgreicher Versuch, das Gotische im Gesamtaufbau wie im Detail zu verarbeiten, gelang dem viktorianischen Architekten *A. W. N. Pugin.* Ein gutes Beispiel dafür ist der auf Abb. 95 gezeigte Tisch. Sowohl *Pugin* wie auch sein Vater, ein Mitarbeiter des Regency-Architekten *John Nash,* hatten Musterbücher mit Entwürfen für neogotische Möbel veröffentlicht; doch nur die Entwürfe des Sohnes zeigten den aufrichtigen Versuch, die Reinheit der mittelalterlichen Konstruktionen wiederzufinden. In den vierziger Jahren des 19. Jahrhunderts arbeitete *A. W. N. Pugin* für die Firma *J. G. Crace & Son.* Er war für den Entwurf der Möbel für das neue Parlament verantwortlich und hatte dafür auch einige architektonische

96 Seitentisch aus Palisander, ca. 1840. Die Tischplatte läßt sich aufklappen, der Rahmen enthält ein Fach. Die gedrechselte Mittelsäule endet in vier Klauenfüßen mit geschnitzten Akanthusmotiven am aufgeworfenen Knie. Die Teebüchse aus Palisander stammt aus derselben Zeit. (Privatsammlung)

Pläne angefertigt. In den fünfziger und sechziger Jahren waren neogotische Stilelemente in fast allen Bereichen der Baukunst und des Kunsthandwerks zu entdecken; außerhalb des sakralen Bereiches repräsentierten sie jedoch nur den Geschmack einer Minderheit. Immerhin fand diese Stilrichtung auch in den Produkten einer Vielzahl kommerzieller Hersteller ihren Niederschlag, und sie war schließlich von ausschlaggebender Bedeutung für die Arbeiten von *William Morris* und der *Arts-and-Crafts-Bewegung* (= Kunsthandwerksbewegung). Auf wirtschaftlichem Sektor half sie Eichenholz,

Tische im neogotischen Stil

95

als Material für kostbare Möbel wieder in Mode zu bringen. Die Neogotik trug viel zur Wiederbelebung der alten Kunst des Holzschnitzens bei.

Die vorherrschende Stilart von 1830 bis weit in die Mitte des 19. Jahrhunderts hinein war jedoch die ›griechische‹, die sich während des Regency entwickelt hatte. So stellt das Jahr 1830 eigentlich keinen klaren Wendepunkt in der Kunst dar. Es ist oft sehr schwierig, zwischen den ›griechischen‹ Möbeln des ausgehenden Regency und denen der frühen viktorianischen Epoche zu unterscheiden. Die Versuche des Kunsthandels, den Begriff ›William IV.-Möbel‹ einzuführen, verwirren die Situation eher noch mehr; denn während der kurzen, nur sieben Jahre dauernden Regierungszeit dieses Königs hat sich kein eigenständiger Stil entwickeln können.

Formenrückgriffe Das einzige, was sich mit Sicherheit sagen läßt, ist, daß sich die während des Regency beliebten ›griechischen‹ Formen noch bis weit nach 1830 halten konnten. Doch Stücke, die im späten Regency und in der frühen viktorianischen Zeit entstanden, weisen oft ausgeprägtere Schnitzarbeiten auf. Auch werden ihre Proportionen plumper. Der Tisch auf Abb. 96 mit seiner Mittelsäule und den vier Klauenfüßen zeigt viele Regency-Merkmale, doch die in Form von Akanthusblättern geschnitzten Aufwerfungen am Übergang in den Fuß und die schwere, gedrechselte Mittelstütze lassen den Tisch eher der viktorianischen als der georgianischen Zeit zuordnen.

Man bevorzugte zunächst runde, später sechseckige Tische, die man allgemein als *Lu-Tische* bezeichnete, nach einem Kartenspiel dieses *Spieltische* Namens. Seiten- und Spieltische waren jedoch auch oft D-förmig. Tischplatten von Spieltischen waren meist durch Scharniere variierbar. Brauchte man die gesamte Tischfläche, klappte man die zweite Hälfte auf, so daß eine runde Fläche entstand, und drehte sie, bis beide Hälften fest auf dem Untergestellt auflagen. Unter der Platte befand sich ein Hohlraum, der als Fach diente. Um 1850 wurde die massive Mittelsäule durch vier schlanke Stützen abgelöst, die auf einer Fußplatte ruhten. In der viktorianischen Zeit wurde hauptsächlich Mahagoni, Palisander und Nußbaum verarbeitet; die

▶

*III Spieltisch, Mahagoni mit Einlegearbeit, Sheraton-Periode, ca. 1790.
(Dry von Zezschwitz, München)*

96

97 Nähtischchen aus Satinholz mit Bandintarsien aus anderen Hölzern, ca. 1790. Der Deckel läßt sich hochklappen, die darunterliegende Lade ist in einzelne, kleine Fächer eingeteilt. Der darunterhängende Stoffsack dient zur Aufbewahrung angefangener Strick- oder Nähsachen. (Harris)

Platten von Nußbaumtischen waren oft mit hübschen Blumenintarsien verziert. Auch *Pembroke-Tische* wurden weiterhin hergestellt, doch mit weitaus plumperen Beinen. Es fehlte ihnen die Eleganz ihrer Vorbilder aus dem späten 18. Jahrhundert. Eine Variante des *Pembroke-Tisches* mit sehr schmaler Platte und zwei übermäßig breiten Klappen ist unter dem Namen *Sutherland-Tisch* bekannt, zu Ehren einer Hofdame Königin Victorias. Zusammengeklappt beansprucht dieser Tisch sehr wenig Platz.

Näh- oder Arbeitstischchen (Work Tables)

Näh- oder Arbeitstischchen kamen um 1770 auf; die Schublade unter der Tischplatte war in mehrere kleine, offene Fächer unterteilt. Unter der Schublade war ein Stoffsack angebracht, den man herausziehen konnte – für angefangene Handarbeiten (Abb. 97).

Sonderformen des 18. Jahrhunderts

Diese Art von Tischchen war vor allem typisch für das Regency, wurde jedoch auch noch in frühviktorianischer Zeit bevorzugt. Die mittelviktorianische Periode zeigt einen etwas veränderten Typ: ein kegelförmiger Rumpf ruhte dabei auf einem Sockel oder auf klauenartigen Füßen (Abb. 98). Diese Art wurde meist in Nußbaum ausgeführt. Solche Arbeitstischchen waren oft auch als Verwandlungstischchen ausgebildet und dienten außerdem als Lese- oder Spieltisch. Exemplare dieser Art hatten in ihre Tischplatte oft ein Schachbrett eingezeichnet.

98 *Entwürfe für Nähtischchen mit sechseckigen Platten auf kegelförmigem Sockel. Abb. LVII. aus ›The Cabinet Maker's Assistant‹ (1853).*

3. Kastenmöbel

**Truhen, Kommoden, Schränke
Vitrinen, Sekretäre**

Einerseits die Notwendigkeit, Besitztümer für die Zeit, in der sie nicht gebraucht werden, zu verstauen, auf der anderen Seite der Wunsch, Gästen wertvolle, seltene oder interessante Dinge zu zeigen, haben zur Entstehung zahlreicher unterschiedlicher Möbeltypen geführt, die mit dem Oberbegriff Kastenmöbel zusammengefaßt werden. Mit Möbelstücken solcher Art befaßt sich das folgende Kapitel.

Truhen

Im Mittelalter erfüllte die Truhe all diese Funktionen. Heute finden sich solche alten Truhen fast nur noch in ländlichen Pfarrkirchen, wo sie während vieler Jahrhunderte als Behältnisse für Meßgewänder und -geschirr sowie für kirchliche Dokumente dienten. Ursprünglich entstand die Truhe aus einem ausgehöhlten Baumstamm, den man mit einem primitiven Deckel zudeckte.

Im 13. Jahrhundert wurden schon etwas leichtere Truhen gebaut; sie *Entwicklung* bestanden aus zusammengenagelten oder -gedübelten Brettern, die *der Truhe* einen Kasten bildeten. Damit der Kasten nicht direkt auf dem feuchten Boden stand, wurden die Eckhölzer verlängert, so daß sie kurze Beine bildeten. Diese einfache Art von Kastentruhen, das Werk von Zimmerleuten, wurde in ländlichen Gegenden noch bis zum Beginn des 18. Jahrhunderts aus einheimischen Hölzern, vor allem aber aus Eiche, hergestellt. Einige mittelalterliche Stücke sind mit kunstvollen Schnitzereien verziert; vom ausgehenden 16. Jahrhundert an finden sich in der Schauseite oft eine Jahreszahl und die Initialen des ursprünglichen Besitzers eingeschnitten, ein Brauch, der in jener Zeit auch bei anderen Arten von Möbeln üblich war. Diese

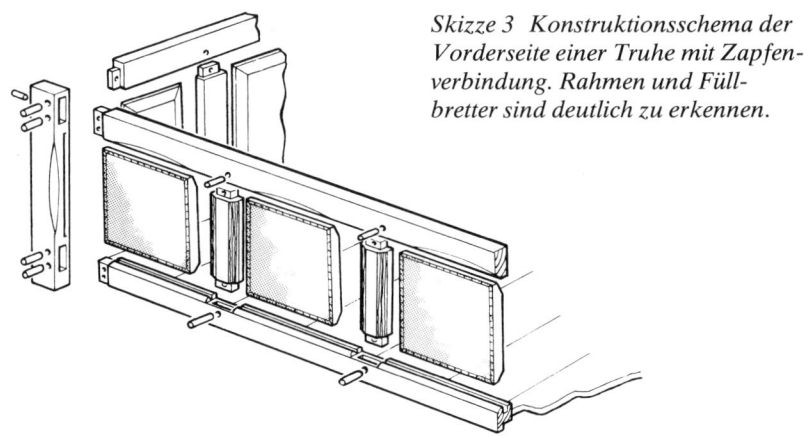

Skizze 3 Konstruktionsschema der Vorderseite einer Truhe mit Zapfenverbindung. Rahmen und Füllbretter sind deutlich zu erkennen.

Truhen im 16. und 17. Jahrhundert

aus Brettern zusammengefügten Truhen waren zwar einfach zu konstruieren, doch das Holz konnte nicht arbeiten. Wenn es also durch Feuchtigkeit oder Austrocknung zu quellen oder sich aufzuwerfen begann, konnte es leicht splittern oder an den Nahtstellen ausreißen. Im 15. Jahrhundert hatte man eine neue Form der Konstruktion gefunden. Man baute nun einen Korpus, der durch Zapfenverbindungen zusammengefügt wurde. Die tragenden Teile wurden durch Füllbretter geschlossen, deren abgeschrägte Kanten genau in entsprechende Rillen in den Rahmenleisten eingriffen. Die Zapfenverbindung hielt durch Holzdübel (Skizze 3). Diese Konstruktionsart war bis ca. 1660 in London und anderen größeren Städten bei fast allen Möbeln üblich, in ländlichen Gegenden sogar noch während der folgenden fünfzig Jahre. Doch ein einfacher Zimmermann konnte diese Arbeit nicht mehr ausführen, man brauchte dazu geschicktere Handwerker. Das Bauen von Möbeln mit Zapfenverbindungen gehörte nun zum Aufgabenbereich der Kunsttischler. Die meisten heute noch erhaltenen, mittelalterlichen Truhen stammen aus dem späten 16. und dem 17. Jahrhundert. Abbildung 99 zeigt eine Truhe aus der Zeit um 1600, mit Blendarkaden auf der Schauseite. Jeder geschnitzte Bogen bildet den dekorativen Rahmen für ein Füllbrett mit intarsiertem Blumenmuster. Die Gesamtkonzeption verrät starken Renaissance-Einfluß. Die geschnitzten Rauten an den Eckhölzern sind ein Motiv, das bei den Möbeln um 1600 und am Anfang des 17. Jahrhunderts häufig

99 *Eichentruhe in der Rahmen-Füllbrettkonstruktion mit Einlegearbeiten aus anderen Hölzern, ca. 1600. (Harris)*

auftaucht. Abbildung 100 zeigt ähnliche Blendarkaden an der Schauseite; sie wirken jedoch weniger architektonisch. Diese Truhe entstand einige Jahre später und zeigt statt der Intarsien geschnitzte, stilisierte Blumenmotive.

Handwerkliche Erzeugnisse aus dem Ausland waren während des 16. Jahrhunderts sehr beliebt. Sie wurden weit mehr geschätzt als die Arbeiten einheimischer Handwerker. Infolgedessen gelangten vor allem durch die Begünstigung des englischen Hofes große Mengen ausländischer Möbel ins Land. Heinrich VIII. und Kardinal Wolsey schickten für diesen Zweck eigens Agenten auf den europäischen Kontinent. Dieser kontinentaleuropäische Einfluß zeigt sich auch bei den in England selbst hergestellten Möbeln, besonders bei einigen Truhen aus dem späten 16. Jahrhundert, die mit kunstvollen Einlegearbeiten und architektonisch anmutenden Zierleisten dekoriert sind (Abb. 101). Solche Stücke nannte man früher *Nonsuch-Truhen.* Es hat sich jedoch gezeigt, daß das in Einlegearbeit gebildete Bauwerk an der Schauseite nicht das Schloß Nonsuch

Nonsuch-Truhen

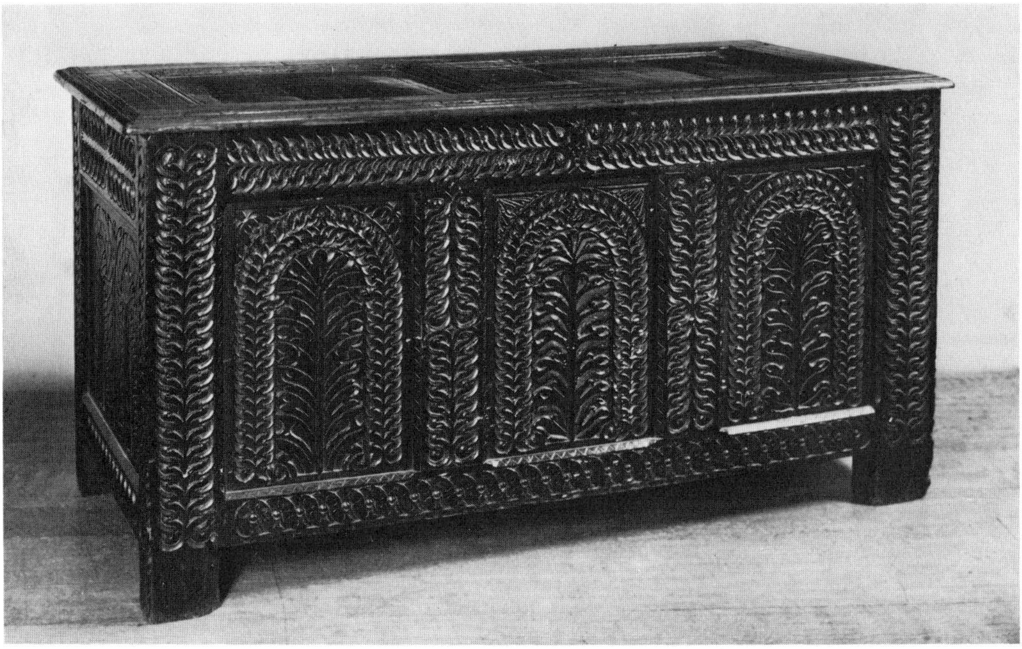

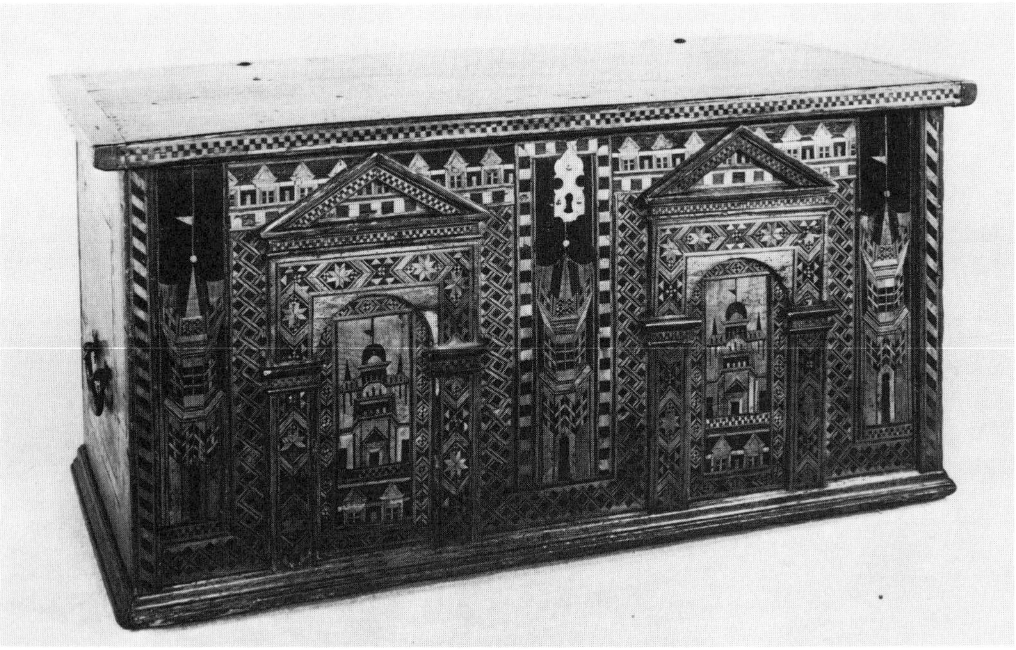

*102 Eichentruhe
mit Schubladen
im unteren Teil,
ca. 1650. Der
obere Teil bildet
den eigentlichen
Truhenkasten.
(Harris)*

(Cleam, Surrey), einen Lieblingssitz von Königin Elisabeth I., darstellt, vielmehr erinnert die Handwerksarbeit allzu deutlich an ähnliche deutsche Möbel, die in dieser Zeit in der Gegend von Köln entstanden. Man nimmt daher an, daß es sich bei diesen Truhen um das Werk deutscher Kunsttischler handelt, die nach England ausgewandert waren und sich hauptsächlich in Southwark niederließen.

Vom späten 16. Jahrhundert an entstanden Truhen mit Schubladen im unteren Teil; wegen ihrer zwiespältigen Natur nennt man sie *Mule Chests* (= Bastardtruhen). Im frühen 17. Jahrhundert finden

Mule Chests

◀

100 Eichentruhe in der Rahmen-Füllbrettkonstruktion, erste Hälfte des 17. Jahrhunderts. Die Blendarkaden umrahmen geschnitztes Laubwerk. (Harris)

101 Eichentruhe mit Intarsien aus Stechpalmenholz und Mooreiche, ca. 1600. Sie ist wahrscheinlich das Werk eines eingewanderten, deutschen Kunsthandwerkers; ähnliche Truhen entstanden zu dieser Zeit in der Gegend um Köln. (Victoria & Albert Museum)

sich solche Stücke häufiger; das auf Abb. 102 gezeigte Exemplar hat nicht weniger als fünf Schubladen. Die *Mule Chests* wurden noch bis in die Mitte des 18. Jahrhunderts hinein hergestellt; ab der Mitte des 17. Jahrhunderts jedoch wurden sie von der bald weitaus beliebteren Kommode allmählich verdrängt.

Es entstanden daneben auch weiterhin dekorative Truhen, wenn auch nicht mehr in so großen Mengen.

Ab 1720 stellte man eine ganze Reihe vergoldeter und geschnitzter Truhen in Form von Sarkophagen her, die zu den barocken Einrichtungen im Stil von *William Kent* paßten.

Eine weitere, im 18. Jahrhundert beliebte Form, war die lackierte Truhe auf einem Gestell. Einige dieser Truhen wurden mit Schiffen der europäischen Ostindischen Gesellschaften aus Kanton importiert und mit Untergestellen europäischer Herkunft kombiniert. Andere wiederum entstanden in Europa selbst, aus unterschiedlichen Werkstoffen und mit Hilfe der verschiedensten Techniken. In

Lacktruhen England wurden ab 1680 beträchtliche Mengen lackierter Möbel hergestellt. Die Hersteller solcher Möbel waren so einflußreich, daß sie schon 1692 eine Eingabe an das Parlament machten. Sie wollten damit erreichen, daß die Einfuhr lackierter Waren aus dem Fernen Osten verboten wurde. Abb. 103 zeigt eine lackierte Truhe, die für das frühe 18. Jahrhundert typisch ist. Sie hat die für diese Zeit charakteristischen, prächtig ziselierten Beschläge am Schlüsselloch und an den Griffen.

Kommoden – Chests of Drawers

Kleinere Kleidungsstücke in großen Truhen aufzubewahren war letzten Endes unpraktisch, und so tauchten schon gegen Ende des 16. Jahrhunderts die ersten Schubladen auf, beispielsweise bei den *Mule Chests* (= Bastardtruhen). Zunächst waren sie sehr einfach

›Ziehkästen‹ zusammengesetzt und man nannte sie ›Drawing Boxes‹, ›Ziehkästen‹. Aus einer Vereinbarung zwischen den Londoner Gilden der Tischler und der Zimmerleute aus dem Jahre 1632 ist bekannt, daß die Schreiner schon damals die Schwalbenschwanzverbindung gekannt haben. Die einzelnen Zinken, die durch die Vorderseite der Schublade mit den Seitenwänden verschwalbt wurden, waren anfangs noch recht grob (Skizze 4); doch bereits während der

103 Rote Lacktruhe auf einem ebenfalls lackierten Gestell, ca. 1720. (Mallett)

Regierungszeit von Charles II. wandte man eine weit feinere und elegantere Schwalbenschwanzverbindung bei vornehmen, kostbaren Möbelstücken an.

Die Schubladenkommode (wie *Chest of Drawers* genau zu überset- *Schubladen-* zen ist) war eine einfache Weiterentwicklung der *Mule Chest;* sie *kommoden* kam jedoch erst während der Restaurationszeit allgemein in

*Skizze 4 Schub-
lade, ca. 1680,
mit primitiver
Schwalben-
schwanzverbin-
dung, wie sie in
der ersten Hälfte
des 17. Jahrhun-
derts üblich war
(wahrscheinlich
provinzielle
Handwerks-
arbeit).*

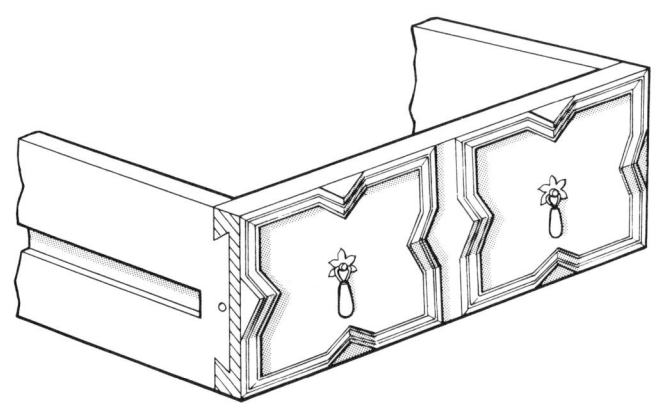

*Kommoden im
18. Jahrhundert*

Gebrauch. Bei einigen Kommoden, die noch aus der Zeit vor 1660 erhalten geblieben sind, werden die Schubladen durch zusätzliche Türen verdeckt.

Kommoden, die um 1650 und besonders aus den ersten Jahren der Regierungszeit Charles II. stammen, sind oft kunstvoll mit geometrischen und architektonisch wirkenden Zierleisten dekoriert, deutschen, holländischen oder flämischen Einflüssen folgend. Die Kommode auf Abb. 104 stammt aus dieser Zeit; die Füße allerdings sind eine spätere Hinzufügung. Die Seitenwände sind noch nach der Rahmen- und Füllkonstruktion gebaut; die Strenge der Schauseiten wird durch aufgelegte, profilierte und verkröpfte Füllungen gelockert, eine Dekorationsform, die noch vor der Restauration eingeführt wurde. Die geometrischen Ornamente treten scharfgratig hervor. Die obere Schublade ist sehr tief; deutlich erkennbar der Übergang von der *Mule Chest* mit dem oben aufsitzenden Truhenkasten zur eigentlichen Schubladenkommode. Abb. 106 zeigt eine Kommode aus der gleichen Zeit, jedoch mit schlichterem Dekor. Die damals üblichen Kugelfüße sind erhalten geblieben. Die schmale oberste Schublade erinnert an ähnliche Schubladen im Fries von Schränkchen aus dieser Zeit. Manche Kommoden des 17. Jahrhunderts sind aus praktischen Gründen zweiteilig.

Etwa um die gleiche Zeit, als Charles II. aus seinem Exil in die Heimat zurückkehrte (1660), ging in der Möbelherstellung ein bedeutender Wandel vor sich. Das System der Rahmen- und Füll-Konstruktion, das zweihundert Jahre lang fast uneingeschränkt

*104 Eichen-
kommode, spätes
17. Jahrhundert,
mit aufgesetzten
Zierleisten.
(Harris)*

gegolten hatte, wurde nun durch die Kastenbauweise abgelöst. Mit
Hilfe der Schwalbenschwanzverbindung stellte man zunächst einen
Korpus her, meist aus Fichte oder Eiche. Dieser Holzkern wurde
dann furniert, in jener Zeit normalerweise mit Nußbaum. Gleichzei-
tig mit der Einführung des Furnierholzes entwickelte sich auch die
Kunst der Marketerie, wobei man die verschiedenen Farben und
Maserungen der Hölzer so einsetzte, daß sie ein Bild oder Muster im
Furnier ergaben (Skizze 5). Fortschritte im englischen Tischlerhand-
werk wie diese, sind zweifellos zu einem wesentlichen Teil auf die
neuen Techniken zurückzuführen, die auf dem europäischen Konti-

*Einführung der
Furniertechnik*

107

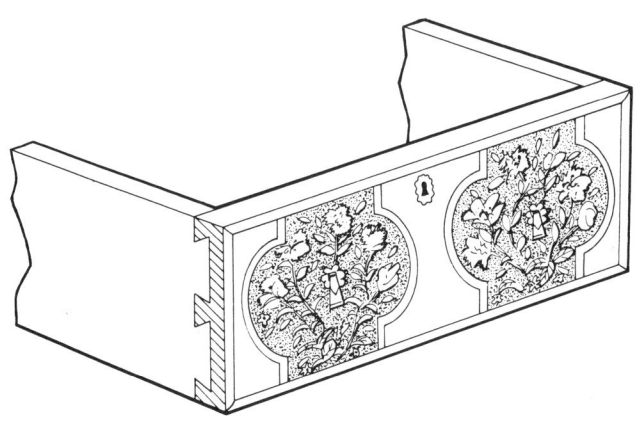

*Skizze 5 Schub-
lade mit feinerer
Schwalben-
schwanzverbin-
dung, ca. 1680.
(Londoner oder
hervorragende
provinzielle
Handwerksarbeit)*

*105 Nußbaum-
kommode mit
kostbarem
Marketeriedekor,
ca. 1680. Die
Gestaltung der
Blumenmotive
verrät holländi-
schen Einfluß.
(Spink)*

108

nent entwickelt und von ausländischen Handwerkern in England eingeführt wurden.

Starker holländischer Einfluß zeigt sich beispielsweise im floralen Marketerie-Dekor, der ab 1670 so viele Möbelstücke zierte. Solche Intarsien finden sich gewöhnlich in deutlich abgesetzten Feldern mit meist geschwungenen Konturen (Abb. 105). Zunächst gestaltete

Kommoden mit Marketeriedekor

106 Nußbaum-kommode, spätes 17. Jahrhundert. Die Schubladen sind unterschiedlich tief, die birnenförmigen Beschläge typisch für diese Zeit. (Spink)

109

Skizze 6 Schublade, ca. 1715. Entweder waren zwischen den Schubladen am Kommodengehäuse halbrunde oder abgeflachte Zierleisten angebracht oder die obere Kante der Schubladenvorderseite stand über.

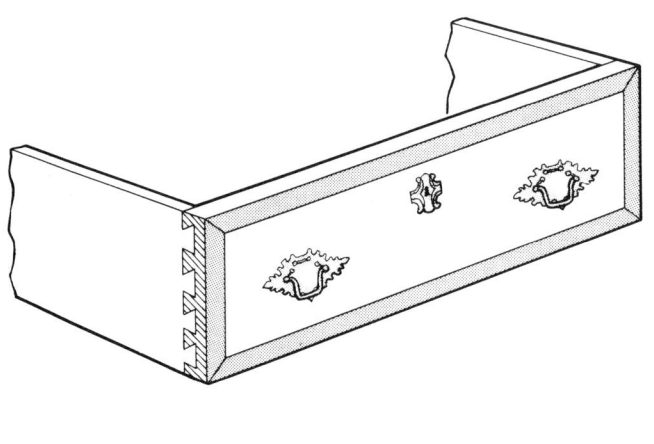

Skizze 7 Schublade mit feiner Schwalbenschwanzverbindung, ca. 1760.

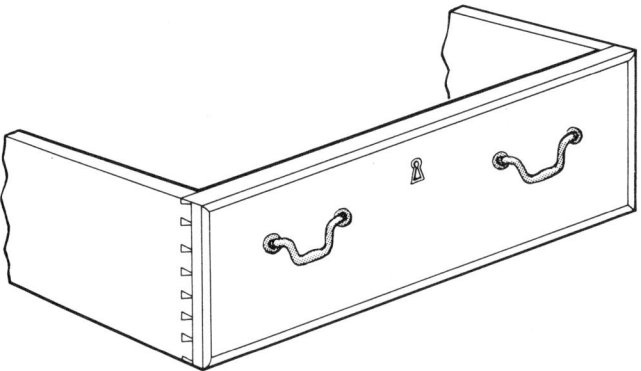

man wie auf dem abgebildeten Beispiel prächtige Blumensträuße mit Tulpen und Nelken aus einer Vielzahl verschiedener Hölzer; für das Grün der Blätter verwendete man sogar gefärbtes Bein. Spätere Arbeiten zeigen eine beschränkte Auswahl an Marketeriehölzern; gegen Ende des 17. Jahrhunderts wurden verschlungene Arabesken bevorzugt. Diese Muster bezeichnet man gewöhnlich als *Endive* oder *Seaweed Marquetry* (Endivien- oder Seetang-Marketerie).

Zu Beginn des 18. Jahrhunderts kam die Marketerie aus der Mode. Die mit Nußbaum furnierten Kommoden wurden dadurch jedoch nicht im geringsten reizlos. Man nutzte die dekorative Maserung des Nußbaumholzes zu vielfältigen Effekten aus. Die Deckplatte der Kommode auf Abb. 107 ist ein gutes Beispiel dafür, wie mit einfachen Mitteln eine attraktive Wirkung erzielt werden konnte.

Man fügte vier Furnierplatten mit unterschiedlicher Maserung so aneinander, daß sich ein Rautenmuster ergab. Die einzelnen Schubladen sind mit einem federartig gemusterten Furnier belegt. In dieser Zeit werden um die Schubladen herum halbrunde oder abgeschrägte Zierleisten angebracht. (Skizze 6). Einige Kommoden des späten 17. und des frühen 18. Jahrhunderts sind mit einer aufklappbaren Schreibplatte ausgestattet. Aus der Vorderseite können Stutzen herausgezogen werden, auf die die Platte aufgelegt werden kann. Im Englischen wird dieses Möbel als *Bachelor Chest,* im Deutschen als ›Junggesellenkommode‹ bezeichnet. Da es mit Unbequemlichkeiten verbunden war, an die untersten Schubladen

Bachelor Chests

107 *Schubladen-kommode aus Nußbaum, ca. 1690. Das Furnier der Deckplatte ist in Rautenform jeweils querlagig verarbeitet. (Mallett)*

111

108 Eichenkommode auf einem Untergestell, die Schubladen mit Bandintarsien verziert, ca. 1700. Die Schubladen werden nach oben hin schmaler. Wie in jener Zeit üblich, ist auch das Untergestell mit seinen gedrechselten, sich nach unten verjüngenden Beinen mit drei Schubladen ausgestattet. (Hotspur)

zu gelangen, entwickelte man Kommoden, die auf einem Untergestell standen. Man findet auch Truhen solcher Art.

Das Alter des Möbels läßt sich gewöhnlich aus der Form der Beine und Stege des Gestells bestimmen. Jene aus der Zeit Charles II. haben gewöhnlich baluster- oder spiralartig gedrechselte Stützen.

Datierungshilfen Während der Regierungszeit von William und Mary wurden die kreiselförmigen Beine mit flachen, geschweiften Fußlatten verbunden. Auch das Untergestell selbst erhielt Schubladen (Abb. 108). Die meisten Kommoden des frühen 18. Jahrhunderts hatten die damals allgemein gebräuchlichen geschwungenen Beine *(Cabriole Legs).*

112

109 Zweiteilige Aufsatzkommode (Chest on Chest oder Tall Boy) mit
Astholz-Nußbaum furniert. In der Ausbuchtung an der untersten Schublade
eine intarsierte, aufgehende Sonne. Ca. 1710. (Harris)

110 *Nußbaum-*
kommode, ca.
1720, mit abge-
schrägten, gerie-
felten Kanten und
in der Größe
variierten Schub-
laden. (Mallett)

Tall Boy

Um die gleiche Zeit setzte sich ein weiteres Aufsatzmöbel in Form von zwei großen, aufeinandergestellten Kommoden durch. Diese Art nennt man *Chest on Chest* oder *Tall Boy* (Abb. 109). Dieses Möbel hatte zwar deutliche Vorteile – was seine platzsparenden Eigenschaften anbelangte – erwies sich auf der anderen Seite jedoch als ziemlich unbequem. Um an die obersten Schubladen zu gelangen, mußte man nämlich auf einen Stuhl steigen. Trotzdem hatte der *Tall Boy* um 1730 die auf einem Untergestell stehende Kommode bereits völlig verdrängt und er konnte seinen Platz bis fast zum Ende des Jahrhunderts behaupten.

In der frühen georgianischen Periode wurden die Vorderseiten der Schubladen meist mit Nußbaum, das rund um die Astlöcher geschnitten wurde, sog. Burr Walnut furniert. Es ist ein besonders

*111 Mahagoni-
kommode, ca.
1740. Die Füße
bilden Winkel-
stützen, unter der
Deckplatte be-
findet sich eine
herausziehbare
Arbeitsfläche. Die
Schubladenkan-
ten sind mit
Rundstäben ein-
gefaßt. (Mallett)*

lebhaft gemasertes Furnier. Die Konturen betonte man durch
Bandintarsien. Bei den kostbareren *Tall Boys* waren die Kanten des
oberen Kommodenaufsatzes meist abgeschrägt und geriefelt; in die
unterste Schublade war eine halbmondförmige Vertiefung eingelassen, die Raum für eine Marketerie in Form der aufgehenden Sonne
bot (Abb. 109). Die *Tall Boys* bestanden aus zwei Teilen, so konnte
man sie leicht transportieren. Auch einfache Kommoden aus der
frühen georgianischen Zeit zeigen ähnliche Merkmale, wie die mit
Astholznußbaum furnierten Schauseiten und die abgeschrägten,
geriefelten Ecken (Abb. 110).
Um 1740 verwendete man auch Mahagoni zum Furnieren von
Kommoden; viele relativ schlichte Stücke, wie das auf Abb. 111
gezeigte, stammen wohl aus dieser Zeit. Manche *Chests of Drawers*

115

und *Tall Boys* waren zusätzlich mit herausziehbaren Platten versehen. Man konnte sie als Schreibunterlage oder als Arbeitsfläche
verwenden.

Kommoden aus lackierter Fichte sind ebenfalls in der Zeit um 1750
entstanden; damals lebte die Vorliebe für Chinoiserien wieder auf
(Abb. 112).

Rokoko-
Kommoden
In den geschweiften Konturen der grazileren Kommoden aus dieser
Zeit zeigen sich deutlich Züge des aus Frankreich eindringenden
Rokokos (Abb. 113). Französischen Einfluß verrät auch die Form
der Füße und der unteren Blende der Kommode auf Abb. 114. Um
1770 wurde die geschwungene Vorderfront jedoch von der schlichteren Bogenform abgelöst, die dem strengen klassizistischen Zeitgeschmack entsprach. In Georg *Hepplewhites* ›Guide‹ finden wir noch
beide Formen. Die Kommode auf Abb. 115 ist mit ihrer gebauch-
ten Front, den gedrechselten Beinen, den spiralartigen Ecksäulen
und den ovalen Schubladengriffen ein typisches Beispiel für die
Formgebung des Regency; solche Kommoden erfreuten sich jedoch

112 Kommode,
auf japanische
Art lackiert, ca.
1750, mit Mes-
singbeschlägen.
Die Füße bilden
Winkelstützen.
(Mallett)

*113 Mahagoni-
kommode, ca.
1765, auf hohem
Sockel, mit ge-
schweifter
Schauseite und
abgeschrägten,
geriefelten Kan-
ten. (Hotspur)*

*114 Mahagoni-
kommode, ca.
1790, mit ausge-
schweifter Vor-
derseite, schräg-
gestellten, franzö-
sischen Füßen,
geschwungener
Blende und
Messingbeschlä-
gen. (Mallett)*

nicht nur in dieser Periode großer Beliebtheit, sie wurden noch bis in die Mitte des viktorianischen Zeitalters gebaut. Im ausgehenden Regency ersetzte man die Messinggriffe an Kommoden und anderen Schränken in zunehmendem Maß durch große Holzknöpfe. Dies fand auch die Zustimmung von *J. C. Loudon,* der 1833 in seiner ›Encyclopaedia‹ schrieb, die Holzknöpfe paßten harmonischer in das Gesamtbild und liefen auch nicht an. Die Auffassung der letzten Jahre allerdings war häufig eine andere. Vielfach wurden die hölzernen Griffe an viktorianischen Kommoden durch nachgemachte Messingbeschläge ersetzt, um den Möbeln dadurch ein wertvolleres Aussehen zu verleihen. Die kontinuierliche Verwendung von Mahagoni und die relativ geringe Weiterentwicklung im Design von Kommoden in der früh-viktorianischen Zeit erlauben eine solche Veränderung.

Geschweifte und gebauchte Kommoden konnten das schlichte, geradlinige Möbel jedoch nicht völlig verdrängen. Die höhere und mittlere Gesellschaft bevorzugte nach wie vor Kommoden mit gerader Front aus Mahagoni, während für die Arbeiterklasse und die Bediensteten in großer Zahl Möbel solcher Art aus Fichte hergestellt wurden. Bei manchen Kommoden aus der spät-viktorianischen Zeit ersetzen Porzellangriffe die gedrechselten Holzknöpfe.

Kommoden in Form von Halbschränken mit Türen

Durch die besondere Vorliebe der Engländer für kontinentale Möbel wurde um 1740 auch der Typus der französischen Kommode im Inselreich beliebt. Von da an bis zum Ende des Jahrhunderts wurde auf kein anderes Möbel soviel Sorgfalt und Kunstfertigkeit verwandt; im späten 18. Jahrhundert gehörte es zwangsläufig zur kompletten Einrichtung eines Empfangsraumes. Die mit Türen ausgestattete französische Kommode diente dem gleichen Zweck wie eine Schubladenkommode oder ein Schrank. Doch die Kunstfertigkeit, mit der sie bearbeitet wurde, und die Vielfalt des für sie verwendeten Dekors nahmen einen besonderen Rang ein. Führende Kunstschreiner wie *William Vile, Thomas Chippendale, John Cobb* und *Pierre Langlois* haben sich eingehend mit diesem Möbelstück beschäftigt. Die von ihnen hergestellten Kommoden zeigen mit ihren kunstvollen Verzierungen und den üppigen Ormoulu-Beschlägen starken französischen Einfluß. Bis 1760 finden sich auch

Kommoden im Chippendale-Stil

Beispiele kostbarer Schnitzarbeiten, danach kamen diese weitgehend aus der Mode. Zwei lackierte Kommoden in Osterley House in Middlesex deuten stilistisch auf *Thomas Chippendale* hin; seine

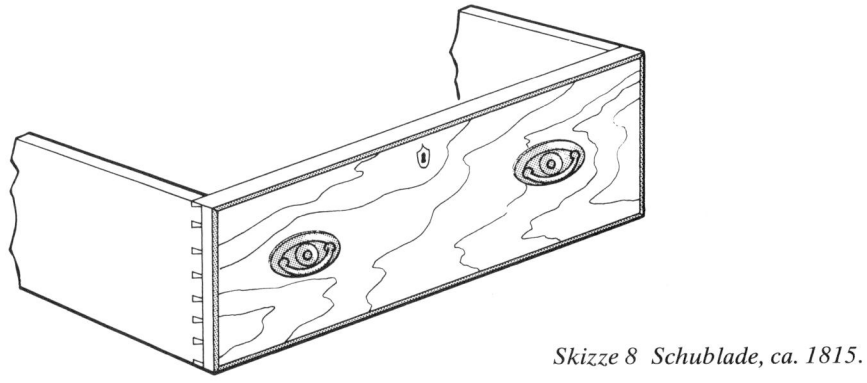

Skizze 8 Schublade, ca. 1815.

115 Mahagonikommode, ca. 1810, mit gebauchter Front. Die spiralartigen Ecksäulen enden in gedrechselten Füßen. Die Messingbeschläge haben die Form ovaler Paterae. (Harris)

119

116 Kommode in Form eines zweitürigen Halbschrankes mit geschweifter Front im französischen Stil, ca. 1765, mit Bandintarsien und Marketeriearbeiten in verschiedenen Hölzern verziert und mit Ormolu-Beschlägen an den Kanten versehen. (Mallett)

Halbschränke mit Marketerie-dekor

Arbeiten in Nostell Priory in Yorkshire zeigen die gleiche vollendete Ausführung. Die Vorliebe für Kommoden im französischen Stil brachte auch der Kunst der Marketerie eine ungeahnte Renaissance. Auf der Vorderseite der Kommode auf Abb. 116 beispielsweise sind exotische Vögel dargestellt, an den Seiten hübsche Blumenmotive. Die geschweifte Linie der Kanten ist typisch für das französische Rokoko; die gebauchte Form wird durch feine Metallbeschläge noch betont. Kommoden mit ähnlich subtilem Marketerie-Dekor haben *John Cobb* und *Pierre Langlois* hergestellt.

Der von *Robert Adam* propagierte Klassizismus verlangte schlichtere Formen. Halbrunde Kommoden auf kurzen, konisch zulaufenden

117 *Viertürige Kommode aus Satinholz mit querverarbeitetem Furnier und Bandintarsien aus verschiedenen Hölzern. Die vierkantigen Füße verjüngen sich nach unten. (Mallett)*

Beinen wurden zum Leitbild (Abb. 117). Solche Stücke waren oft aus Satinholz und hatten ovale Paneele, die Raum boten für Malereien im Stil von Angelika Kauffmann, der die bildnerische Ausgestaltung von Inneneinrichtungen, die *Robert Adam* entworfen hatte, anvertraut war. Eine andere Möglichkeit neben einer Bemalung boten Marketeriearbeiten, die typische, klassizistische Adam-Motive zeigten, zum Beispiel antike Urnen, Palmetten, Frucht- und Blumenfestons oder geflügelte Sphingen.

Einfluß des Klassizismus

Im letzten Jahrzehnt des 18. Jahrhunderts verlor der Halbschrank mit Türen in Kommodenform seine Bedeutung als Prunkstück jeder Einrichtung. Spätere Exemplare sind weit weniger verschwenderisch mit Schnitzereien, Marketeriearbeiten oder gemalten Dekorationen verziert. Das auf Abb. 118 gezeigte Stück ist in seiner Form wohlgestaltet, scheint jedoch eher funktionelle als dekorative Zwecke erfüllt zu haben.

Während der Regency-Zeit wurde die *Chiffoniere* entwickelt. Dieses kleine Schränkchen mit oder ohne Türen, meist zwei Schubladen oder einem Bücherregal im unteren Teil und offenem Regalaufsatz verdrängte die ›französische‹ Kommode schließlich ganz.

118 *Kommode aus Sykomorenholz mit Bandintarsien aus anderen Hölzern und gebeizter Randintarsie aus Satinholz auf der Deckplatte, ca. 1795. (Mallett)*

Chiffonieren

Der Begriff *Chiffonieren* wurde 1808 durch *George Smith* in England eingeführt. In seinem Handbuch ›Household Furniture‹ bezeichnete er damit ein Möbel, das einem Schrank mit offenen Regalen zum Aufstellen von Gegenständen oder Büchern glich. Die von ihm entworfenen Stücke hatten deutlich erkennbar eine wichtige Funktion innerhalb der allgemeinen Möblierung; sie sollten, ebenso wie früher die Kommode, den Mittelpunkt eines Empfangsraumes oder Salons bilden. Um 1820 wurde der Begriff

Die Chiffoniere löst den Halb- schrank ab

119 Chiffonieren aus Palisander, ca. 1820, mit Bücherborden im unteren Teil und einem offenen Regalaufsatz. (Mallett)

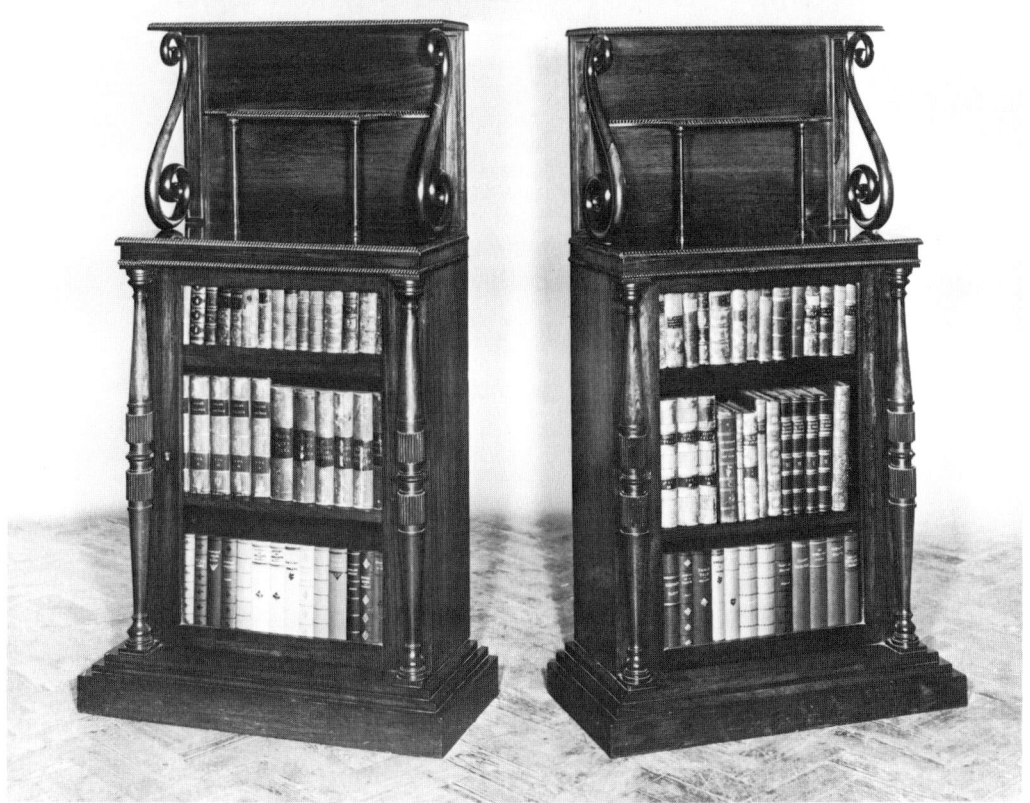

allerdings auf einen schmalen Schrank mit offenem Regalaufsatz übertragen. Abb. 119 zeigt eine *Chiffoniere* in Palisander aus der Regency-Periode. Die gedrechselten Ecksäulen, die das Regal flankieren, die kanellierten Zierleisten an den Kanten und die S-förmigen Verstrebungen am Aufsatz sind typische Formen von *Chiffonieren* aus dieser Zeit. Viktorianische Stücke wirken dagegen meist viel massiver. Der untere Teil ist schrankartig ausgebaut, mit Türen verschlossen und mit einer Marmorplatte bedeckt. Die Rückwand des Regalaufsatzes ist mit Spiegeln verkleidet. Dieser Typus ist in ›The Cabinet Maker's Assistant‹ von 1853 abgebildet. Eine kleine *Chiffoniere* aus der mittel-viktorianischen Ära ist auf Abb. 120 dargestellt. Bei diesem Beispiel wurde der offene Regal-aufsatz durch eine Schreibunterlage ersetzt.

Cupboards Die Bezeichnung ›Schrank‹ (Cupboard) ist eigentlich ein Oberbe-griff für alle Arten von Kastenmöbeln, mit Ausnahme von Truhen und Kommoden. Doch erst vom späten 17. Jahrhundert an bezeichnete man damit allgemein ein Möbel mit Regalen, das durch eine oder mehrere Türen verschlossen wurde. Im Mittelalter hießen solche Schränke im Englischen ›Aumbries‹, im 16. und frühen 17. Jahrhundert dann gewöhnlich ›Presses‹. Dort, wo das Wort ›Cup-board‹ in Inventarverzeichnissen aus dieser Zeit auftaucht, bezeich-net es zumeist ein offenes Regal zum Aufstellen von Geschirr und Trinkgefäßen. (Siehe Abb. 125 und 126)
Aus der Zeit vor 1660 sind zahlreiche Eichenschränke in verschie-denen Formen erhalten geblieben. Manche haben durchbrochene Türen zur besseren Durchlüftung; sie waren eindeutig zum Aufbe-wahren von Lebensmitteln bestimmt. In dieser Form bezeichnet man sie oft als *Dole* (Reserve-) oder *Livery* (Speicher-) *Schränke*, doch in den Bestandverzeichnissen des 16. und 17. Jahrhunderts findet sich keine eindeutige Bestätigung dieser Namen. Oft wurden solche Schränkchen auch an die Wand gehängt, um die Nahrungs-mittel besser vor Ungeziefer zu schützen. Abb. 121 zeigt ein solches Möbel aus der Zeit um 1600; Schauseite und Gesims sind streng architektonisch gegliedert. Die geometrisch angelegten Intarsien und das Schachbrettmuster sind ebenfalls typisch für Möbel aus dieser Periode. Bis in die Mitte des 17. Jahrhunderts wurden solche Schränke nur vereinzelt hergestellt.
Im 16. und 17. Jahrhundert stattete man die Hallen und Gesell-schaftsräume seiner Häuser mit kunstvoll konstruierten und verzier-

120 Chiffoniere aus Nußbaum, ca. 1860. Die Deckplatte ist mit Leder bespannt und dient als Schreibunterlage. Die Innenseite des Schubfachs trägt die aufgedruckte Inschrift: ›Made by Henry Ratty – Cabinet Maker – Upholsterer – 117 & 119 North Lane – Brighton.‹ (Er arbeitete dort von 1856–64.) (Privatsammlung)

ten Vitrinenschränken sog. *Presses* aus. Manche bestanden aus zwei Teilen, wobei der Aufsatz schmaler als der untere Teil war. So entstand Platz zum Aufstellen von Gegenständen. Abb. 122 zeigt ein besonders schön gearbeitetes Beispiel dieser Schrankgattung mit einem Aufsatz zum Aufstellen von Geschirr. Die massiven, vasenförmigen Eckpfeiler und die in das obere Schrankteil eingeschnitz-

Vitrinenschränke

125

121 *Hänge-schränkchen aus Eiche zur Auf-bewahrung von Lebensmitteln, ca. 1600. Die Blendarkade in der Tür umrahmt geometrisch und schachbrettartig angelegte Intar-sien. (Spink)*

ten Karyatiden sind beispielhaft für die vornehmeren Möbel des ausgehenden 16. Jahrhunderts; sie verraten starken norddeutschen, holländischen oder flämischen Einfluß. Auch die Weinlaubschnitze-reien auf den Eckpfeilern und die floralen Einlegearbeiten im unteren Schrankteil sind als typische Merkmale der Zeit zu verstehen. Dieser Typus von Schrank hat sehr viel mit dem sog. *Court Cupboard,* der *Kredenz,* gemein (Abb. 125).

Buffets Schränke dieser Art werden oft als Buffets bezeichnet; historisch gesehen dürfte das jedoch falsch sein. Solche Möbel wurden auch noch nach 1660 hergestellt, jedoch nur in ländlichen Gegenden, wo sie meist weniger kunstvoll gestaltet wurden. Schlichte Schränke ähnlicher Bauart finden sich sogar noch in der Mitte des 18. Jahrhunderts; sie stammen aus Wales und sind als *Tridarns* oder als *Deuddarns* bekannt, je nachdem, ob sie aus drei oder nur aus zwei Teilen zusammengesetzt sind.

Kleiderschränke

Zum Aufbewahren von Kleidungsstücken waren Eichenschränke in Rahmen- und Paneelkonstruktion bestimmt. Sie scheinen sich jedoch auch nach 1660 noch nicht durchgesetzt zu haben. Vermutlich empfand man damals die Kommode und den *Tall Boy* als völlig ausreichend für diesen Zweck. Erst um die Mitte des 18. Jahrhunderts wurde der Kleiderschrank zu einer echten Konkurrenz für den *Tall Boy.* Eine ganze Reihe von Entwürfen für dieses Möbel finden sich in *Chippendales* ›Director‹ und in anderen, zeitgenössischen Musterbüchern. Die Kleiderschränke aus der späten georgianischen Periode bestehen gewöhnlich aus einem oberen Teil, der durch zwei Türen verschlossen wird und mehrere Fächer verbirgt, in denen man

Vorläufer des Kleiderschrankes

122 Eichenschrank mit Intarsien aus Stechpalmenholz und Mooreiche, ca. 1590, reich mit Flachreliefs und Ornamentschnitzereien überzogen. Der Schrankteil in der oberen Hälfte mit seinen abgeschrägten Seiten wird von Karyatiden flankiert. (Spink)

127

123 Kleiderschrank aus Mahagoni, ca. 1765, mit vier Schubfächern im unteren Teil und einem Schrank mit Regalbrettern in der oberen Hälfte. In das obere Gesims sind Blendarkaden im gotischen Stil eingeschnitzt. (Mallett)

▶

IV Gebrauchte Kommode, Mahagoni mit Einlegearbeit aus Ebenholz, Georgian, ca. 1800. (Dry von Zezschwitz, München)

124 Neogotischer Kleiderschrank aus Palisander, ca. 1815. In den beiden etwas zurückgesetzten Seitenflügeln ist Platz zum Aufhängen der Garderobe. (Victoria & Albert Museum)

die zusammengefalteten Kleidungsstücke aufbewahrte und einem unteren Teil, der einige Schubladen enthält (Abb. 123). Größere Kleiderschränke folgten einer ähnlichen Bauweise; sie hatten jedoch außerdem zusätzliche Seitenteile, die meist leicht zurückgesetzt waren. In ihnen konnte man Gewänder aufhängen. Ein schönes Beispiel hierfür ist auf Abb. 124 zu sehen. Der Schrank ist im neogotischen Stil der Regency-Zeit gestaltet, dem Stil der durch

Kleiderschränke im neogotischen Stil

Kleiderschränke
mit Spiegeln

Bauwerke von *Wyatt, Nash, Smirke* und *Wyatville* angeregt worden war. Von den drei Entwürfen für Kleiderschränke in J. C. *Loudons* ›Encyclopaedia‹ (1833) bieten nur zwei genügend Raum zum Aufhängen von Kleidungsstücken; den meisten Platz nehmen Regale ein. Viele viktorianische Kleiderschränke dagegen haben Türen, die bis zum Boden reichen und die mit Spiegeln ausgestattet sind. In der zweiten Hälfte des 19. Jahrhunderts geht die Tendenz immer mehr dahin, ganz auf Fächer und Regalbretter zu verzichten.

125 *Kredenz aus Eiche, ca. 1600, mit abgeschrägtem Schrankteil im Mittelfeld. Der mittlere und der obere Fries enthalten Schubfächer, der untere ist mit geschnitzten Blendarkaden verziert. (Mallett)*

Kabinettschränke und Vitrinen

Eines der ersten Möbelstücke auch für dekorative Zwecke war der *Court Cupboard,* die *Kredenz,* ein verbreitetes Gebrauchsmöbel der elisabethanischen Ära. Es bestand aus offenen Regalen, gewöhnlich zwei an der Zahl, in denen man kostbare Teller, Schalen und Becher aufstellte. Manchmal enthielt der obere Teil auch ein geschlossenes Schränkchen mit abgeschrägten Seitenteilen (Abb. 125). In den Häusern der reichen Gesellschaft waren die darin aufgestellten Stücke aus Gold oder Silber, bei den weniger begüterten Kaufleuten und kleinen Gutsbesitzern wahrscheinlich aus Zinn. Die meisten der erhalten gebliebenen *Kredenzen* stammen aus dem späten 16. und dem frühen 17. Jahrhundert und sind reich mit Schnitzwerk oder Einlegearbeiten verziert. Diese Art von Möbel gab es jedoch schon sehr viel früher; es ist beispielsweise überliefert, daß bei der Krönung von Anne Boleyn das Tafelgeschirr in Westminster Hall

Kredenzen

126 Eichenkredenz in Form eines halbierten Achtecks. Ca. 1600. Die unteren Stützen zeigen die üblichen massiven Baluster, die oberen haben, kontinentalen Einflüssen folgend, die Gestalt mythologischer Flügelwesen. (Mallett)

131

auf einem Gestell mit zehn Etagen ausgestellt wurde. Abb. 126 zeigt eine *Kredenz* in Form eines halbierten Achtecks. Das obere Bord ruht auf exotischen Tierkörpern, während die Stützen im unteren Teil die sonst üblichen, voluminösen Ausbuchtungen aufweisen. Die meisten *Kredenzen* haben jedoch einen rechteckigen Grundriß und eine in den Fries eingelassene Schublade. Nach 1610 nehmen die Stützen eine einfachere Balusterform an. Doch dieses Möbel verlor bald an Beliebtheit. Nach 1660 wurden nur noch in ländlichen Gegenden einige wenige Stücke hergestellt.

Bis zum Ende des 16. Jahrhunderts hatte man Wertgegenstände gewöhnlich in kleinen, lederüberzogenen Schatullen oder Truhen aufbewahrt. In Inventarverzeichnissen des königlichen Hofes und führender Adelsfamilien aus dem 16. Jahrhundert sind jedoch auch *Barocke Kabinett-* einige wenige, mit Schüben versehene *Kabinettschränke* aufgeführt. *schränke* Diese waren wohl ziemlich klein, man stellte sie auf andere Möbel oder ein Gestell, das extra für diesen Zweck bestimmt war. Die meisten dieser Kabinettschränke stammten zweifellos aus dem Ausland; größere Stücke von englischen Herstellern tauchten erst nach der Restauration auf. Sie waren meist mit dazugehörigen Untergestellen kombiniert. Die Flügeltüren und die Schauseiten der Schubfächer sind oft kunstvoll lackiert oder mit Marketeriearbeiten dekoriert. Die Kabinettschränkchen enthielten außerdem meist ein oder mehrere Geheimfächer für Wertsachen, eine notwendige Vorsichtsmaßnahme vor der Einrichtung eines wirkungsvollen Polizeischutzes, denn in den Wirren nach dem Bürgerkrieg wurden entlassene Söldner nicht selten straffällig. Auch das Untergeschoß eines Kabinettschränkchens enthielt manchmal Schubladen. Das Möbel auf Abb. 127 ist ein gutes Beispiel für diesen Typus, besonders durch die vielen kleinen Laden und Schubfächer im oberen Teil. Manche Kabinettschränke aus dieser Zeit haben auch einen vorgezogenen Sims. Er bot zusätzlichen Raum für das Aufstellen von Porzellan, das in immer größeren Mengen mit Schiffen der Ostindischen Gesellschaft importiert wurde. Die Mode, *Vitrinen* Porzellan in Kabinettschränkchen aufzustellen, hatte Queen Mary II. aus Holland übernommen.

Da die *Kabinettschränkchen* der Aufbewahrung von Kostbarkeiten dienten, wurde besondere Sorgfalt auf eine repräsentative Gestaltung gelegt. So entsprechen sie in Form und Ausstattung meist immer der neuesten Moderichtung. Ein sehr schönes, rot gelacktes

127 Kabinett-
schrank aus Nuß-
baum, ca. 1690.
Die Vorderfront
des oberen Teils
läßt sich herunter-
klappen und
bildet eine
Schreibunterlage.
Die Konturen der
Türen werden
durch Bandin-
tarsien betont, die
Qualität des
Möbels wird
durch die kost-
bare Furnierung
der Innenseiten
noch erhöht.
(Hotspur)

Exemplar im japanischen Stil aus der Zeit um 1730 zeigt die
Abb. 128. Im späten 17. Jahrhundert hatten die meisten importierten Lackkabinette oder Schränkchen, die mit importierten Paneelen
verkleidet waren, eine rechteckige Form. Dieses, einer späteren Zeit
zugehörige Exemplar zeigt den klassischen, gesprengten Giebel des
Barock mit Zieramphoren. Im unteren Teil befindet sich ein Fach
für Schreibutensilien; das *Kabinett* steht auf einem vergoldeten
Untergestell.

*Lackkabinette
zur Aufstellung
von Porzellan*

133

128 *Lackiertes Kabinett, ca. 1730, mit gesprengtem Giebel und vasenförmigen Zieraufsätzen. Die unteren Schübe und die Ablage werden mit zwei Türflügeln geschlossen. Das Kabinett steht auf einem vergoldeten Untergestell aus der Zeit. (Mallett)*

Wenn man die in den *Kabinetten* verschlossenen Kostbarkeiten bewundern oder vorzeigen wollte, mußte man sie erst einmal aus den Schüben herausholen. So wurden aus praktischen Gründen im frühen 18. Jahrhundert Vitrinen mit Glastüren entwickelt, wohl in erster Linie für ostasiatisches Porzellan. Diese Vitrinen haben oft einen strengen architektonischen Aufbau und sind, abgesehen vom Abstand zwischen den Regalbrettern und der Tiefe, kaum von den Bücherschränken aus derselben Zeit zu unterscheiden. Zahlreiche

Vitrinen mit Glastüren

134

*129 Vitrinen-
schrank aus
Mahagoni, ca.
1765, mit zurück-
gesetzten Seiten-
flügeln. Typisch
das von Chippen-
dale entworfene
Schwanenhals-
gesims; die Glas-
einfassungen
zeigen gotische
Anklänge.
(Mallett)*

Vitrinen haben einen gesprengten Giebelaufsatz und etwas zurückgesetzte Seitenflügel. (Abb. 129). Nach 1750 nehmen die Gitterstä-
be zwischen den einzelnen Scheiben manchmal eine gotisierte
Spitzbogenform an. Andere Vitrinen ahmten chinesische Orna-
mentformen nach; Entwurfsvorlagen für Möbel dieser Art finden
sich in den Arbeiten von *Thomas Chippendale, Ince* und *Mayhew*.
Ein besonders schönes Beispiel dieser Richtung zeigt Abb. 130. *Vitrinen im*
Diese Vitrine im chinesischen Stil gleicht weitgehend jener auf der *chinoisen Stil*

135

130 Vitrinen-
schrank aus
Mahagoni mit
vergoldeten Be-
schlägen, ca.
1760. Er ist in
chinesischer
Manier von
Pagodendächern
bekrönt; die Glas-
einfassungen der
Seitenflügel zeigen
ein geometrisches
Gittermuster.
(Mallett)

136

131 Eckschränkchen aus Maha-
goni, ca. 1760. Die Tür ist durch-
gehend, das Gesims durch schlichtes
Schnitzwerk betont. (Harris)

Tafel CXXXVI in der dritten Ausgabe des ›Director‹ (1762) abgebildeten. Die Pagodendächer, das geometrische Maßwerk und die Rokoko-Schnörkel sind typisch für diesen kunstvollen, soge- nannten *Chinese Chippendale*-Stil. Man war der Ansicht, in einem solchen Rahmen käme das echte chinesische Porzellan erst richtig zur Geltung.

Aus etwa der gleichen Zeit stammt der Vitrinenschrank auf Abb. 131. Es handelt sich hier um ein Eckschränkchen aus Mahagoni; die einzigen Schnitzereien finden sich am Gesims und am Übergang zur unteren Türhälfte. Im 18. Jahrhundert waren diese schmalen Eckschränkchen sehr beliebt. Sie wurden in großen Mengen hergestellt. Manche Vitrinen reichten in zwei Teilen schrankartig bis zum Boden, andere ruhten auf einem Untergestell. Das Beispiel auf Abb. 131 entspricht nicht eigentlich der Norm, da es aus einem einzigen Stück besteht.

Während der letzten Dekade des 18. Jahrhunderts wurde der streng architektonische Aufbau der Bücherschränke und Vitrinen, der während fünfzig Jahren vorherrschend gewesen war, durch eine größere Vielfalt in Form und Gestaltung abgelöst. Abb. 132 zeigt einen feinen Vitrinenschrank aus Satinholz aus dieser Zeit. Er ist zierlicher und niedriger als die meisten älteren Vitrinen. Ein häufig

132 Vitrinenschrank aus Satinholz mit Bandintarsien aus anderen Hölzern, ca. 1790. Den verglasten Aufsatz krönt eine Messinggalerie, auch die Konturen der unteren Schranktüren werden durch ein Gitterwerk aus Messing betont. (Mallett)

auftretendes Merkmal an Möbeln dieser Zeit ist der konkav geschweifte Mittelteil im Unterbau und die Messinggalerie am oberen Aufsatz. Doch auch verglaste Kabinette im architektonischen Stil wurden in der viktorianischen Zeit noch gebaut, und zwar neben Mahagoni auch aus Palisander oder Nußbaum. Doch die verglasten Türen und die Holztäfelung im unteren Schrankteil waren, dem Zeitgeschmack entsprechend, oben abgerundet.

Ein weiteres charakteristisches Aufstellmöbel der viktorianischen Ära ist der sogenannte *Whatnot* (= Was-auch-immer), ein Regal für alle möglichen Kleinigkeiten. Er bestand aus einer Reihe offener Regalbretter zwischen gedrechselten Eckstützen. Manche *Whatnots* waren dreieckig und wurden in Zimmerecken aufgestellt. Sie wurden meist aus Nußbaum gefertigt und oft mit Marketerien verziert. Der *Whatnot* ist zwar ein typisch viktorianisches Möbelstück, doch tauchte er erstmals bereits während des Regency auf.

Der ›Whatnot‹

133 Satinholzkabinett mit Marketerien aus verschiedenen Hölzern und mit Metallbeschlägen, ca. 1870. Beispielhaft für das wiedererwachende Interesse an den Stilrichtungen und Techniken des 18. Jahrhunderts. (Victoria & Albert Museum)

Die Stücke aus dem frühen 19. Jahrhundert sind jedoch häufig aus Palisander und schlichter in der Form als ihre viktorianischen Nachfahren.

Zahllose dekorative Vitrinen entstanden auch in den sechziger Jahren des 19. Jahrhunderts, als man sich wieder auf die französischen und englischen Stilperioden des 18. Jahrhunderts besann. Abb. 133 zeigt einen kostbaren halbhohen Schrank aus Satinholz von 1870. Er ist reich mit Blumenmarketerie und Messingbeschlägen verziert. Das Mittelmotiv mit der Vase und den klassischen Draperien ist an die *Adam-Periode* angelehnt; die Blumenfestons entsprechen jedoch eher dem viktorianischen Geschmack als dem Stil des 18. Jahrhunderts. Das wiedererwachende Interesse an Möbeln des 18. Jahrhunderts war eine Erscheinung der sechziger Jahre des 19. Jahrhunderts; ein frühes Beispiel dafür ist ein Schrank im *Adam-Stil*, den die Londoner Firma Wright & Mansfield im Jahre 1867 auf der Internationalen Ausstellung in Paris präsentierte.

Bücherschränke

Entwicklung des Bücherschrankes

Bücherschränke für den privaten Haushalt kannte man erst seit der Restauration. Sicherlich gab es auch schon vor diesem Zeitpunkt Schränke zur Aufnahme von Büchern, doch waren diese Schränke bis zum 18. Jahrhundert recht klein, später angeschaffte Bücher wurden wohl in anderen Behältnissen oder offenen Regalen aufbewahrt. Öffentliche Bibliotheken wie die von Merton College in Oxford, die Bodleian und die Kederminster Bibliothek, die zur Kirche von Langley in Buckinghamshire gehört, vermitteln eine gewisse Vorstellung davon, wie eine Bibliothek in jener Zeit angelegt war.

Einer der ersten, richtigen Bücherschränke ist wohl jener, den der Kunsttischler *Simpson* 1666 für Samuel Pepys, dessen Bücher ›immer zahlreicher wurden und sich allmählich auf sämtlichen Stühlen stapelten‹, angefertigt hat. Insgesamt ließ sich Pepys zwölf gleiche Schränke machen; sie befinden sich heute mitsamt seiner Büchersammlung im Magdalene College in Cambridge. Zwei ähnliche Stücke wurden für Dryham Park in Gloucestershire angefertigt; einer davon ist heute im Victoria und Albert Museum zu besichtigen (Abb. 134). Diese Schränke sind streng strukturell gegliedert und,

140

*134 Bücher-
schrank aus
Eiche, ca. 1670,
aus Dyrham Park
in Gloucester-
shire. Er gleicht
in der Form den
Schränken, die
ab 1666 für
Samuel Pepys an-
gefertigt wurden.
(Victoria &
Albert Museum)*

141

135 Aufsatz-
sekretär (Bureau
Bookcase), mit
Astholz-Nuß-
baum furniert
und mit Bandin-
tarsien verziert,
ca. 1710. Interes-
sant der zweiteilig
gegliederte Giebel.
In die Türfül-
lungen sind Spie-
gel eingelassen.
(Mallett)

abgesehen davon, daß hier auch das Untergeschoß verglast wurde, in ihrer Form durchaus schon als Prototyp für die Bücherschränke der folgenden Jahre anzusehen.

Bureau Bookcase Unter Queen Anne wurde der sogenannte *Bureau Bookcase* (Abb. 135) entwickelt, eine Art Aufsatzsekretär, bei dem der obere Teil als Bücherschrank diente. Bei dieser Form ist der Aufsatz auch oft durch Türen mit Holz- oder Spiegelfüllungen verschlossen, so daß die Bücher gar nicht zu sehen sind. Der geschweifte Doppelgiebel des auf Abb. 135 gezeigten Exemplars ist bei größeren Kastenmöbeln aus dieser Zeit häufig zu finden.

136 Bücher-
schrank aus
Mahagoni, ca.
1770, mit geome-
trischen Glasein-
fassungen und
durchbrochenem
Schwanenhals-
giebel. (Mallett)

Nach 1730 schien es für das Prestige eines vornehmen georgianischen Landhauses offenbar unerläßlich, eine kostbar ausgestattete
Bibliothek zu besitzen, und bald gehörte sie ganz selbstverständlich
in jedes Haus. Die Bücherschränke waren ausnahmslos architektonisch im Aufbau. Viele Stücke aus der Zeit zwischen 1730 und 1760
werden durch ein klassizistisches Gesims gekrönt, eine Tradition, die
sich auch nach 1760 fortsetzt; häufiger tritt in dieser Zeit jedoch das
auch von *Chippendale* oft verwandte *Swan Neck Pediment*, das   *Bücherschränke*
Schwanenhalsgesims auf (Abb. 136).   *im Stil von*
Größere Bücherschränke waren ebenso wie die Vitrinen und   *Chippendale*

143

137 Bücher-schrank mit Sekretär (Secretaire Bookcase), aus Mahagoni, ca. 1780, mit vorspringendem Mittelteil. Ein relativ schlichtes Möbel, das seine Wirkung aus den Proportionen, der Qualität des Furniers und seiner Handwerksarbeit bezieht. (Mallett)

Kleiderschränke in einen Mittel- und zwei zurückgesetzte Seitenteile gegliedert (Abb. 137). Platz für die Aufstellung von Büchern bot gewöhnlich nur die obere Hälfte des Möbels; in das Untergeschoß waren Schubkästen oder Fächer eingelassen. Viele Bücherschränke aus dem späten 18. Jahrhundert waren zusätzlich eine Art Sekretär, sog. *Secretaire Drawers*.

Secretaire Drawers

Dabei ließ sich die Vorderseite eines Fachs, das auf den ersten Blick wie eine tiefe Schublade aussah, herunterklappen und diente so als Schreibunterlage. Dahinter befanden sich mehrere kleine Schübe und Fächer für Schreibutensilien und die Korrespondenz (Abb. 137).

*138 Schreib-
tischchen mit
Bücherregal
(Bonheur du
Jour) aus Syko-
morenholz mit
Bandintarsien aus
Satinholz, Mar-
keterien und
Ormoulubeschlä-
gen, ca. 1770.
(Mallett)*

Die neogotischen und chinoisen Stilrichtungen, die Mitte des 18.
Jahrhunderts das allgemeine Möbeldesign stark beeinflußten, hatten
auf die Gestaltung von Bücherschränken jedoch so gut wie keine
Auswirkungen. Denn die für solche Stücke erforderlichen Stilelemente beanspruchen viel Platz und hätten somit den Stauraum der
Bücher erheblich eingeschränkt.
Während der achtziger Jahre des 18. Jahrhunderts wurden verschiedene Formen von kleineren Bücherbehältnissen entwickelt, so daß
man eine beschränkte Anzahl von Bänden, die, in denen man gerade
las oder häufig nachschlug, auch in anderen Räumen aufbewahren
konnte und nicht nur in der Bibliothek. Es handelte sich unter
anderem um niedrige, offene Regale, die während des Regency oft
mit Messinggittern verziert waren und in der zeitgenössischen

Moving Library   Literatur als *Moving Library*, als ›bewegliche Bibliothek‹ beschrieben werden. Man konnte diese Bücherregale nicht nur an die Wand, sondern auch direkt neben Sessel oder andere Sitzgelegenheiten stellen, so daß man die Bücher gleich zur Hand hatte. Abb. 138 zeigt ein mit Buchablagen kombiniertes Tischchen im Stil von *Robert Adam*. Man nennt dieses Möbel *Bonheur du Jour*. Die Paterae und Festons aus Marketerie an der Zarge sind ein typischer Dekor aus der Zeit zwischen 1770 und 1790. Auch die sich nach unten verjüngenden, vierkantigen Beine, die in Spatenfüßen enden, sind charakteristisch für das späte 18. Jahrhundert.

Bücherschränke   Während der Regency-Periode wurden sehr niedrige Bücherschrän
im Klassizismus   ke angefertigt. Wie *George Smith* in seinem ›Household Furniture‹ 1808 erklärte, sollten dadurch die Wände zum Aufhängen von Bildern und Gemälden freibleiben. Diese Bücherschränkchen, die oftmals als Paare angefertigt wurden, sind häufig charakteristische Beispiele für den von *Thomas Hope* vertretenen klassischen Stil. Die Füße vieler solcher Schränkchen haben die Form von Tierklauen, während die tragenden, vertikalen Elemente mit Löwenmasken oder Fabelwesen verziert sind. Eine ähnliche Gestaltung zeigt das Beispiel auf Abb. 139. Hier sind die gegossenen Messingköpfe im ägyptischen Stil gehalten; auch das Sternmotiv im unteren Teil der Füße ist häufig bei Möbeln dieser Art zu finden. Welch hohen Stand die Kultur des antiken Ägypten erreicht hatte, entdeckte man erst in dieser Zeit. Die Ausgrabungen erregten großes Interesse in der westlichen Welt. Die Eroberung Ägyptens durch die Truppen Napoleons im Jahre 1797, die anschließende Niederlage der französischen Flotte in der Schlacht am Nil und die Besetzung Ägyptens durch britische Soldaten, brachten das Land in den Brennpunkt des öffentlichen Interesses. Mit Napoleons Armee gelangte auch Baron Vivant Denon in das Land am Nil. Sein Buch ›Voyages dans la Basse et Haute Egypte‹ (1802) führte dem europäischen Leser das Leben und die Kultur in diesem hochentwikkelten, antiken Weltreich bildhaft vor Augen. Möbel im ägyptischen Stil waren bis fast 1830 beliebt.

Auf die Vorliebe des Regency für *Drum Tables*, Bibliotheks- oder Trommeltische wurde bereits hingewiesen (siehe Seite 90). Das
Revolving   gleiche gilt auch für den *Revolving Bookstand*, den drehbaren
Bookstand   Bücherturm, der damals eine kurze Zeit lang sehr in Mode war. Wir kennen schon einige Entwürfe und Exemplare aus dem ersten

139 Bücherschrank aus Palisander mit Metallbeschlägen im ägyptischen Stil, ca. 1810. (Mallett)

Jahrzehnt des 19. Jahrhunderts, doch das Beispiel auf Abb. 140 dürfte etwa zwanzig Jahre jünger sein. Der Beinansatz am Tischfuß ist nämlich stark betont und mit geschnitzten Akanthusmotiven verziert; die Beine selbst enden in Klauenfüßen, ein Merkmal, das sich auch noch bei frühen viktorianischen Tischen mit ähnlicher Mittelstütze findet. Interessant ist die Verwendung blinder Buchrükken, die durch die zylindrische Form des Gestells notwendig werden. Im Aufbau unterscheiden sich viktorianische Bücherschränke nur wenig von ihren georgianischen Vorbildern; sie sind jedoch mit wesentlich mehr Schnitzwerk und Ornamenten verziert. Damals empfand man den neogotischen Stil als besonders geeignet für Bibliotheken. Bei dem Versuch, dem mittelalterlichen Stil möglichst

Viktorianische Bücherschränke

147

*140 Drehbarer
Bücherturm aus
Palisander, ca.
1820. (Harris)*

nahezukommen, begann man auch, Eiche als Möbelholz wieder zu schätzen. Abb. 141 zeigt einen viktorianischen Bücherschrank von ca. 1860. Hier scheint jedoch der geschnitzte Shakespeare-Kopf als Mittelmedaillon eher von der Frührenaissance als von der Gotik beeinflußt zu sein. Bücherschränke aus der frühen viktorianischen Periode im griechischen Stil, als Fortsetzung des Regency-Stils, wirken durch plumpe, überreich geschnitzte Applikationen und Giebelstützen verfälscht und zu massiv.

148

141 *Zweiteiliger
Bücherschrank
aus Eiche, ca.
1860, mit ge-
schnitzten Ver-
zierungen. Das
Mittelmedaillon
im Gesims zeigt
das Profil von
Shakespeare.
(Victoria &
Albert Museum)*

149

Schreibpulte und Sekretäre

Das tragbare Schreibpult hat eine lange Tradition; in England gibt es Beispiele dafür schon im Mittelalter. Ein sehr schönes Exemplar, das mit Schubfächern ausgestattet und mit Gold und Malereien verziertem Leder überzogen ist, befindet sich im Victoria und Albert Museum und läßt sich auf ca. 1525 datieren. Die meisten erhalten gebliebenen Stücke aus dem 16. und frühen 17. Jahrhundert sind jedoch sehr viel schlichter. Sie bestehen aus einem geschnitzten Eichenkasten mit schräger Deckplatte, die als Lesepult benutzt wurde. Solche Stücke laufen oft unter der Bezeichnung ›Bibelkasten‹. Doch die Schübe und Fächer für Schreibmaterial in ihrem Inneren verraten ihren tatsächlichen Verwendungszweck. Gelegentlich, besonders in der Zeit um 1600, wurden die Schreibkästen mit kunstvollen Einlegearbeiten verziert; es existiert zumindest ein Exemplar mit dem sogenannten ›Nonsuch‹-Motiv (siehe Seite 101 f.). Tragbare Schreibkästen wurden noch bis ins späte 17. und 18. Jahrhundert hinein angefertigt; doch mit der Einführung des Sekretärs verloren sie allmählich an Bedeutung. Abb. 142 zeigt einen Schreibkasten von ca. 1720. In dieser Zeit gehörte bereits ein passendes Untergestell mit geschwungenen Beinen zu solchen Möbeln. Es gibt sogar noch jüngere Beispiele; diese waren jedoch ausschließlich als Reiseausrüstung gedacht. Ende des 18. Jahrhun-

142 Tragbarer Schreibkasten aus Nußbaum, ca. 1720, mit mehreren Schubladen und Fächern hinter der herunterklappbaren Frontklappe. Darunter befindet sich eine weitere Lade mit gewölbter Vorderseite. (Mallett)

derts war die Nachfrage jedoch immer noch so stark, daß *Thomas Shearers* Buch ›Cabinet Maker's London Book of Prices‹ (1788), die Zeichnung eines solchen Stückes enthielt.

Unter einem Sekretär versteht man heute eine Kommode mit aufgesetztem Schreibkasten, dessen schrägstehende Frontplatte heruntergeklappt als Schreibplatte dient. Dieser Typus eines Pultschreibtisches wurde erst um 1700 entwickelt. Dagegen erscheint der, in zeitgenössischen Dokumenten als ›Scriptor‹ oder ›Escritoire‹ bezeichnete, rechteckige Schreibschrank mit senkrechter, nach vorn zu öffnender Klappe auf einem Untergestell, bereits während der Restauration um 1690 als gebräuchlichste Form.

Sekretäre

Diese Möbel entwickelten sich zu einer Zeit, als es in England zum erstenmal ein wirklich funktionierendes, öffentliches, nationales Postwesen gab. Das Beispiel auf Abb. 143 zeigt schon viele Merkmale des späteren Klappsekretärs, so die herausziehbaren

143 Nußbaumschreibpult mit schräger Frontklappe, ca. 1700. Im Pult selbst sind zwei Schübe, im Untergestell ist ein weiteres Fach enthalten. (Hotspur)

144 Eichensekre-
tär, ca. 1700, mit
schräger Front-
klappe und
Kugelfüßen.
(Hotspur)

Stützen, auf denen die heruntergelassene Frontklappe ruht. Ebenso deutlich erkennbar ist, daß dieses Möbel aus dem tragbaren Schreibkasten entwickelt wurde. Diese Art wurde im 18. Jahrhundert als Damenschreibtisch weitergeführt.

Pultschreibtisch Der *Pultschreibtisch* oder Sekretär, der bis zum heutigen Tag nichts von seiner Beliebheit eingebüßt hat, wurde um 1700 entwickelt. Abb. 144 zeigt ein Beispiel aus dem frühen 18. Jahrhundert mit Kugelfüßen. Die Verwendung von Eiche für dieses Möbel legt die Vermutung nahe, daß es sich um die Arbeit eines provinziellen Tischlers handelt. Ein vornehmerer Schreibtisch aus dieser Zeit wäre mit Nußbaum furniert worden. Gleichzeitig mit dem *Pult-schreibtisch* wurde auch der Schreibtisch entwickelt. Es gibt sogar einige wenige *Tall Boys* (zweiteilige Aufsatzkommoden), bei denen die oberste Schublade im unteren Teil oder die unterste Schublade im oberen Teil als Schreibfach ausgebildet sind.

Einige Schreibschränke aus dem frühen 18. Jahrhundert sind kunstvoll lackiert und mit japanischen Motiven geschmückt. Auch der *Bureau Bookcase,* ein Sekretär mit aufgesetztem Bücherschrank, ist eine Entwicklung der frühen georgianischen Periode. Bei Stücken aus der Zeit um 1750, den *Secretaire Bookcases,* ist der Unterbau nicht als Sekretär, sondern scheinbar als einfache Kommode ausgebildet. Doch die tiefe, oberste Schublade ist in Wirklichkeit ein herausziehbares Schreibfach, dessen Vorderseite man als Schreibplatte herunterklappen kann.

Bei manchen Sekretären war der Mittelteil etwas zurückgesetzt; dieses Merkmal wurde zum Charakteristikum des *Kneehole Desks,* eines kleinen Schreibtisches mit Knieöffnung (Abb. 145). In die Seitenteile sind Schubfächer eingelassen, im zurückgesetzten Mittel-

Kneehole Desk

145 Schreibtisch mit Knieöffnung (Kneehole Desk) aus Mahagoni, ca. 1750. Im zurückgesetzten Mittelfeld befindet sich ein Schränkchen. (Mallett)

153

146 *Pedestal oder Partner's Desk aus Mahagoni, spätes 18. Jahrhundert mit geprägtem Lederein-satz in der Deckplatte. (Mallett)*

Partner's Desk

teil befindet sich ein Schränkchen. Seit 1700 wurden solche Stücke in Nußbaum gefertigt; etwa dreißig Jahre später ging man auch hier zu Mahagoni über. Eine größere Variante, der *Pedestal* oder *Partner's Desk* für zwei Personen, die sich gegenübersitzen, konnte sich während des gesamten 18. und bis ins 19. Jahrhundert hinein bewähren (Abb. 146). Solche Schreibtische waren besonders praktisch für Büros oder Bibliotheken, obwohl in ähnlicher Form auch spezielle Bibliothekstische angefertigt wurden. Feinere Stücke aus dem mittleren und späten 18. Jahrhundert sind sehr viel üppiger mit Schnitzwerk verziert. Vor 1770 bevorzugte man vor allem Löwenmasken, kunstvolle Marketeriearbeiten im Stil von *Adam* schmückten spätere Exemplare.

In den letzten beiden Dekaden des 18. Jahrhunderts wurde das

147 Zylinder-bureau aus Satin-holz mit Band-intarsien, ca. 1795. (Mallett)

Zylinderbureau, der Rollschreibtisch entwickelt (Abb. 147). Sowohl *Sheraton* als auch *Hepplewhite* veröffentlichten Entwürfe für solche Möbel. In jener Zeit hatte man sich an den bis zum Boden reichenden Schubladenkästen bereits satt gesehen, daher hatten viele Schreibtische die vierkantigen, sich nach unten verjüngenden Beine, die von *Hepplewhite* bevorzugt wurden. Oft allerdings behielt man einen kleinen Aufsatz mit Schubladen und Bücherbrettern bei

Zylinderbureau

148 Davenport Schreibpult aus Mahagoni, ca. 1800, mit vier seitlichen Schüben, Messing- galerie und Schie- ber für einen Kerzenständer. (Harris)

Carlton House Tables

(Abb. 147). Manche Schreibtische aus dieser Zeit haben auch einen Aufbau aus kleinen Schubfächern, die ein mittleres und zwei seitliche Hufeisen bilden. Solche Sekretäre sind als *Carlton House Tables* bekannt, obgleich historisch gesehen nichts auf einen tat- sächlichen Zusammenhang mit dem Prinzen von Wales hinweist, der in London in Carlton House residierte. Man nimmt lediglich an, daß ein heute im Buckingham-Palace befindliches Möbel dieser Art ursprünglich aus Carlton House stammt.

Ein neuer Schreibtischtyp, der während der Regency-Zeit einge- führt wurde und auch in der frühviktorianischen Periode noch sehr beliebt war, ist der sogenannte *Davenport*. Es handelt sich dabei um ein kleines Schreibpult mit schräger Platte und seitlich angebrachten Schubladen für das Schreibmaterial. Das auf Abb. 148 gezeigte Beispiel hat neben den seitlichen Schubfächern einen Schub, auf

*149 Mahagoni-
schreibschrank,
ca. 1840, mit
senkrecht stehen-
der Frontklappe
und gedrechselten
Ecksäulen.
(Victoria &
Albert Museum)*

dem ein Kerzenhalter abgestellt werden kann. Der Name dieses Möbels ist offenbar von einem Captain namens Davenport abgelei- *Der Davenport* tet, für den die Firma *Gillows* ein Schreibpult dieser Art anfertigte. *J. C. Loudon* erwähnt es sogar als Salonmöbel und erklärt es als sehr ›praktisch für fleißige junge Damen‹. Die viktorianischen Stücke sind gewöhnlich aus Nußbaum, reich verziert mit geschnitztem Dekor und Marketerie. Das pultartige Obergeschoß ist gewöhnlich über den Sockel, der die Schübe enthält, hinaus vorgezogen und ruht auf zwei oftmals geschweiften Stützen, die in einer Fußplatte mün- den. Ein in ›The Cabinet Maker's Assistant‹ (1853) abgebildetes und als Davenport bezeichnetes Stück hat keine Lade unter dem schrä- gen Schreibpult, das von vier geschnitzten Säulen gestützt wird. Den

157

rückwärtigen Abschluß des Pultes ziert eine geschnitzte Galerie. Einen konventionellen Schreibschrank aus der viktorianischen Ära zeigt Abb. 149. Die kugelförmigen Holzknöpfe, die hölzernen Beschläge und die gedrechselten, balusterförmigen Ecksäulen sind typische Merkmale von Kastenmöbeln aus dem frühen, viktorianischen Zeitalter. Bei diesem Stück ist vor allem die feine Maserung des Mahagonifurniers zu beachten. Zwischen den Schubfächern sind halbrunde Zierleisten am Gehäuse angebracht. Die Vorderseite des obersten Fachs ist elegant ausgeschweift, die Kontur der Frontklappe durch eine gefällig gerundete Randleiste betont.

Anrichten (Sideboards)

Vor 1770 hatte das *Sideboard* noch gar nichts mit einem Schränkchen gemein. Wie schon der Name sagt (*Sideboard* heißt wörtlich übersetzt ›Seitenbrett‹) handelte es sich dabei lediglich um ein Tischchen, das im Eßzimmer an der Wand stand. Vor dem Servieren wurden die verschiedenen Speisen darauf abgestellt. Und weil die Schüsseln oft sehr heiß waren, bestand die Deckplatte der Anrichte meist aus Marmor. Diese Möbel folgten im Design weitgehend den Seitentischen und Konsolen, die aus hauptsächlich dekorativen Gründen die Salons schmückten. Man machte zunächst auch gar keinen Versuch, die Anrichte etwa mit Schubläden auszustatten, so daß die Tischwäsche, das Tafelsilber und andere notwendige Kleinigkeiten jedesmal aus der Küche mit hereingebracht werden mußten. Um 1770 endlich ersann man eine bequemere Methode. In den Musterbüchern von *Robert Adam* finden sich erstmals Entwürfe

Anrichten und Piedestale

nicht nur für Anrichten, sondern auch für Piedestale mit Amphoren oder Weinkühlern darauf, alle im gleichen Stil. Die Piedestale wurden rechts und links der Anrichte aufgestellt. Sie boten Stauraum, dienten als Weinkühler, zum Anwärmen der Teller oder als Zisternen zum Auswaschen von Gläsern. Die Amphoren darauf waren meist in Fächer eingeteilt und bargen das Besteck; in manchen Fällen waren sie auch mit Blei ausgeschlagen und dienten als Wasserbehälter. Solche Anrichten mit passenden *Piedestalen* und Amphoren finden sich in einer ganzen Reihe von Herrschaftshäusern, mit deren Innenausstattung man *Adam* beauftragt hatte, so zum Beispiel im

*150 Piedestale aus Maha-
goni, geschnitzt und intarsiert, ca. 1775. (Harris)*

Kenwood und Osterley in Middlessex, Saltram in Devonshire und
Harewood und Newby in Yorkshire. Adam zeichnet für die drei
ersten Objekte verantwortlich; der Entwurf für die Kenwood-An-
richte wurden von den *Gebrüdern Adam* in ihren ›Works in Architecture‹ (1773) veröffentlicht. *Chippendale* und *Haig* waren mit der
Harewood-Garnitur beauftragt, die *Thomas Chippendale* zugeschrieben wird, während das Newby-Set wahrscheinlich von *Thomas
Chippendale Jr.* stammt. Abb. 150 zeigt Piedestale mit Amphoren
im Adam-Stil.

Auch Georg *Hepplewhites* ›Cabinet-Maker's and Upholsterer's
Guide‹ (1788) enthält Entwurfsvorlagen für Anrichten, Piedestale
und Vasen in der *Adam-Tradition,* zum erstenmal aber auch eine
Anrichte mit Schubfächern in der Zarge und kleinen Schränkchen
an den Seiten. Dieser Typus wurde damals allerdings schon
hergestellt, denn bereits 1779 hatte *Gillows* ein ähnliches Stück
angefertigt. Der große Vorteil dieses neuen, kombinierten Typs lag
darin, daß er sehr viel weniger Platz beanspruchte als die *Adam-*
Version und daher wesentlich besser für die kleineren Räume in
Stadthäusern mittelständischer Familien geeignet war. Unter das
hochgezogene Mittelfeld der Anrichte konnte man einen Weinkühler stellen; in vielen Fällen war auch das eine Seitenschränkchen zu

*Anrichten mit
Schubfächern*

159

diesem Zweck mit Blei ausgeschlagen. Dieser *Sideboard-Typ* erscheint auch in den Entwürfen vom *Shearer* und *Sheraton*.

Wie die zeitgenössischen Kommoden haben die Anrichten eine geschwungene, eine gebauchte oder eine gerade Vorderfront. Das Beispiel auf Abb. 151 ist typisch für diese Art. Die Möbel sind oft ausgesucht schön furniert und mit attraktiven Bandintarsien aufgelockert.

Sheraton-Sideboards

Sheratons Sideboards sind an der Wandseite von einer Messinggalerie eingefaßt, eine Besonderheit, die bereits *Adams* Anrichte für Kenwood aufweist, vor 1790 sonst jedoch nur selten zu finden ist. In den folgenden zwei Dekaden gehört sie jedoch zur geläufigen Dekoration. Regency-*Sideboards* aus der Zeit um 1805 neigen ein wenig zur Monumentalität; unter dem Einfluß von *Thomas Hope* werden die Beine oft als stilisierte Löwenfiguren ausgebildet. Während dieser Zeit kehrte man auch zu den *Piedestalen* zurück. Sie dienten nun als Sockel für die abnehmbare Platte der Anrichte. Obwohl nur manche *Sideboards* des Regency mit gesonderten Besteckkästen ausgestattet waren, fand der Amphorentyp *Robert Adams* keine Liebhaber mehr.

Was die Größe anbelangt, führt die viktorianische Anrichte die Tradition des Regency fort. Die Sockelform konnte sich bis in die frühviktorianische Zeit hinein halten; allerdings wurde die Tischplatte jetzt fest verankert. Bei *J. C. Loudon* finden wir die Entwürfe für zwei Anrichtentische mit Messinggalerien an der Wandseite, sarkophagförmigen Weinkühlern und geschnitzten Vorderbeinen (in einem Fall in der Form stilisierter Löwenkörper), die er fälschlicherweise als ›im Stil von Louis XIV.‹ bezeichnet. Die Entwurfszeichnungen in ›The Cabinet-Maker's Assistant‹ (1853) verfolgen eine ähnliche Linie; die Skizzen zeigen einmal den Sockeltyp, die sogenannten *Slab Sideboards.* Diese bestehen aus einem Anrichtentisch mit Marmorplatte und einem geschnitzten Rückenbrett. Bei manchen Stücken ist in dieses Rückenbrett auch ein Spiegel eingelassen.

▶

V Schreibschrank, Mahagoni, Schubläden mit Satinholz furniert, Hepplewhite-Periode, ca. 1780. (Schröder und Leisewitz, Bremen)

160

151 Sideboard aus Mahagoni mit Bandintarsien aus Satinholz, ca. 1790, auf vierkantigen, konisch zulaufenden Beinen, die in Spatenfüßen münden. (Hotspur)

In der viktorianischen Zeit wurde dem *Sideboard* als Möbel offenbar große Bedeutung beigemessen; manche Exemplare waren mit üppigem Schnitzwerk geradezu überladen, ohne Rücksicht auf einen funktionsgemäßen Sinn. Eines der aufwendigsten Stücke ist die *Chevy Chase-Anrichte,* die für den Herzog von Northumberland angefertigt wurde. Sie ist drei Meter hoch, 3,60 Meter breit und 1,30 Meter tief. Die Schnitzarbeiten stammen von *Gerrard Robinson,* der von 1855 bis zu seinem Tode im Jahre 1890 fortgesetzt daran arbeitete.

Sideboards in der viktorianischen Ära

In auffallendem Kontrast zu der plumpen Pomphaftigkeit der meisten viktorianischen Möbel steht das auf Abb. 152 gezeigte Sideboard von *William Morris & Co* aus dem Jahre 1860. Neben den

Entwürfe von Morris

152 Sideboard von William Morris, bemalt von Edward Burne-Jones mit Frauengestalten und Vögeln, Juni 1860. (Victoria & Albert Museum)

schlichten, handwerklichen Möbeln, die er zu niedrigen Preisen für ein breites Publikum herstellte, wie beispielsweise dem *Sussex-Stuhl* (siehe Abb. 55), entstanden in *Morris'* Werkstätten eine ganze Reihe kostbarer Einzelstücke als Aufträge der vermögenden Gesellschaft. Hier konnte *Morris* seine Idealvorstellungen von einer Handwerkskunst im mittelalterlichen Sinn verwirklichen; die Konstruktion war einfach aber perfekt gemacht. Die fertigen Arbeiten wurden von bekannten Künstlern bemalt, vor allem aus dem Umkreis der Präraffeliten. Die malerische Dekoration der abgebildeten Anrichte ist das Werk von *Edward Burne-Jones*. Mit dieser Art gemalter Ornamentik folgte *Morris* der mittelalterlichen Tradition, in der viele Möbel bemalt wurden. *William Burges,* ein

Burges-Entwürfe   Architekt, der auch Möbel entwarf, hielt sich ebenfalls an diese Vorbilder. Er arbeitete ausschließlich in privatem Auftrag; seine Entwürfe wurden nie kommerziell ausgewertet. Die Auflehnung

153 Sideboard,
das Holz im
Ebenholzton
gebeizt, die ein-
gesetzten Füllun-
gen sind aus ge-
prägtem japani-
schem Leder-
papier. Das Möbel
wurde von E. W.
Godwin entwor-
fen und von
William Watt im
Jahre 1867 ange-
fertigt. (Victoria
& Albert
Museum)

von Designern wie *Morris* und *Burges* gegen die überladenen und sinnlosen Verzierungen an vielen viktorianischen Möbeln, hatte nicht nur in England eine gewaltige Wirkung, sie beeinflußte auch progressive Möbel-Designer des zwanzigsten Jahrhunderts wie Gerrit Rietveld in Holland, Marcel Breuer und Walter Gropius in Deutschland.

Ein weiterer Schrittmacher in der Entwicklung der modernen Formgestaltung war der Architekt *E. W. Godwin.* Er wurde vor allem durch die japanische Kunst inspiriert, die in jener Zeit durch die Öffnung Japans für den internationalen Handel im Westen erstmals in ihrem vollen Ausmaß bekannt wurde. Die klaren Formen und harmonischen Proportionen im Verhältnis zwischen geschlossenem und offenem Raum, wie sie das auf Abb. 153

Der japanische
Einfluß

163

abgebildete Sideboard zeigt, verleihen diesem Möbel ein erstaunlich modernes Aussehen, obgleich es bereits im Jahre 1867 angefertigt wurde. Die Füllungen aus japanischem Lederpapier werden von Holzrahmen gehalten, die in einem Ebenholzton gebeizt wurden. Die schlichten und doch eleganten Beschläge sind aus Silber und bilden so einen attraktiven Kontrast. *E. W. Godwin* entwarf Möbel für eine ganze Reihe von Firmen, darunter für William Watt (der Hersteller der abgebildeten Anrichte), Collinson and Lock und Gillows. Man muß jedoch betonen, daß die hier dargestellten Arbeiten von *Morris* und *Godwin* eine Sonderstellung einnehmen, sie weichen von den damals handelsüblichen Möbeln in hohem Maße ab. Dies mag jedoch dazu beitragen, die falsche Vorstellung von einem einheitlichen viktorianischen Stil zu zerstören. Die Geschichte der englischen Möbel in der Zeit zwischen 1835 und dem Ende des 19. Jahrhunderts ist vielschichtig. Die viktorianischen Möbelhersteller bezogen ihre Anregungen aus vielerlei Quellen. Sie verarbeiteten so viele verschiedene Stileinflüsse, daß der zur Verfügung stehende Raum bei weitem nicht ausreicht, alle Varianten vorzustellen.

Vielfalt viktorianischer Möbelstile

4. Betten und Schlafzimmermöbel

Das Bett hat eine lange Tradition, denn es hat unter den Möbeln für den Menschen eine ähnlich fundamentale Bedeutung wie der Tisch, die Truhe und der Stuhl.

Das Bett des Mittelalters bestand aus wenig mehr als einem *Betten des* hölzernen Rahmen; die Matratze lag auf einem Geflecht aus Seilen, *Mittelalters* die am Rahmen befestigt waren. Ein Betthimmel hing von der Decke herunter; im späten 15. Jahrhundert wurde der Baldachin in manchen Fällen bereits von Pfosten gestützt. Das Bett selbst war völlig von Vorhängen umgeben, eine Notwendigkeit, die den Schlafenden vor Zugluft schützte. Die hölzernen Teile des Bettes waren von geringem Wert verglichen mit den Vorhängen, die in den Häusern reicher Gutsbesitzer und Kaufleute aus kostbaren, importierten Stoffen bestanden.

Im 16. Jahrhundert überhöhte man die eine Schmalseite des Bettes mit Hilfe der Rahmen- und Füllwand-Technik zur sogenannten Kopfwand. Der nun ebenfalls aus Holz bestehende Baldachin ruhte am Fußende auf zwei Pfosten, auf der anderen Seite oben auf dem Kopfbrett. Im späten 16. Jahrhundert wurden die Pfosten, die Kopfwand und der Betthimmel verschwenderisch mit Schnitzwerk und Intarsien verziert (Abb. 154).

Bis weit ins 18. Jahrhundert hinein gehörte das Schlafzimmer sehr viel stärker zum gesellschaftlichen Leben als das heute der Fall ist. Man empfing dort sogar wichtige Besucher, und die Geburt eines Kindes war ein Ereignis, dem zahlreiche Verwandte und andere interessierte Zuschauer beiwohnten. Auf die dekorative Ausgestal- *Paradebetten* tung des Bettes wurde daher mindestens ebensoviel Mühe und Aufwand verschwendet wie auf wichtige Möbelstücke in den anderen Empfangsräumen. Das ›Große Bett von Ware‹, das heute

*154 Eichenbett
mit intarsierter
Kopfwand und
Gesims, ca. 1600.
Die voluminösen,
geschnitzten vor-
deren Pfosten
enden in korinthi-
schen Kapitellen,
die Kopfwand ist
in ein Täfelwerk
aufgegliedert, der
untere Teil mit
Blendarkaden
verziert. (Mallett)*

im Victoria und Albert Museum steht, hat eine Höhe von etwa 2,50 m, ist über 3 m lang und ebenso breit. Will man Paul Hentzer, einem Deutschen, der England im Jahre 1598 besuchte, Glauben schenken, so war dieses Bett in seiner Monumentalität nicht im geringsten einzigartig. Doch nur wenige erhaltengebliebene Stücke erreichen diese Größe. Wegen ihrer Bedeutung, wohl auch wegen

*155 Mahagonibett, ca. 1740, mit kannelierten Bettpfosten, die in korinthischen Kapitellen enden.
Das Gesims ziert ein antikisierendes Wellenbandmotiv, es wird von einer Kartusche bekrönt.
(Victoria & Albert Museum)*

der Kostbarkeit der Drapierungen, werden diese Betten in Testamenten und Inventarverzeichnissen oft eingehend beschrieben, andere Möbelstücke dagegen nur kurz erwähnt.

Im 17. Jahrhundert waren die Holzteile der Betten wieder etwas schlichter gehalten, die Vorhänge dagegen wurden noch kostbarer und aufwendiger. Die Baldachine spannten sich immer höher, um die gesamte Raumhöhe auszunutzen. Um 1690 schmückte man sie mit kunstvollem Schnitzwerk oder Straußenfedern. Das Paradebett Wilhelms III. von Oranien beispielsweise erreichte bis zur Spitze seiner Straußenfedern eine Höhe von über fünf Metern, das ›Melville‹-Bett im Victoria und Albert Museum dagegen ›nur‹ 4,50 m. Die Prunkbetten in den Landhäusern des 18. Jahrhunderts führten diese Tradition der Großartigkeit weiter.

Betten des 18. Jahrhunderts

Obgleich die meisten erhaltengebliebenen Stücke es an Eleganz nicht mit solchen Paradebetten aufnehmen können, so folgen sie doch demselben Schema. Das Bett auf Abb. 155 (von ca. 1740) zeigt, in der Tradition von *William Kent,* einen stark architektonischen Aufbau. Das Gesims ruht auf korinthischen Säulen, im unteren Teil ist es mit einem geschnitzten Wellenbandmotiv nach antikem Vorbild verziert. Über dem Baldachin erhebt sich eine geschnitzte Kartusche.

Abb. 156 zeigt ein etwa dreißig Jahre später entstandenes Bett mit elegant geriefelten Pfosten. Sie stützen eine Kranzleiste, die mit Medaillons und Hohlkehlen im *Adam-Stil* verziert ist. Bei beiden Beispielen (Abb. 155 und 156) fehlen die vollständigen Stoffdrapierungen; sie waren in Stoffart und Farbe jeweils der übrigen Einrichtung des Schlafgemaches angepaßt und verdeckten größtenteils die Holzteile des Bettes.

In den beiden Dekaden nach 1750 stattete man die Schlafgemächer oft im chinesischen Stil aus. Eines der prachtvollsten Beispiele findet sich in Claydon in Buckinghamshire. Wohl zu den schönsten Betten im sogenannten ›Chinese Chippendale‹-Stil gehört das, was heute im Victoria und Albert Museum steht; es stammt aus Badminton House in Gloucestershire. Viele Jahre lang wurde dieses Bett aus stilistischen Gründen *Thomas Chippendale* zugeschrieben; inzwischen hat man jedoch einwandfrei festgestellt, daß es in der Werkstatt von *William Linnell* nach einem Entwurf von dessen Sohn *John Linnell* angefertigt wurde.

Eine Alternative zu diesen großartigen Prunkbetten stellte das *Zelt-*

*156 Mahagoni-
bett, ca. 1770, mit
kannelierten
Bettpfosten. Das
Gesims ist mit
einem Fries aus
Medaillons und
Hohlkehlen ver-
ziert. (Harris)*

oder *Feldbett* dar. Es bot nur für eine Person Platz. Seine vier
Eckpfosten trugen einen leichten, gewölbten Rahmen, an dem die
Vorhänge aufgehängt wurden. Diese Betten waren für kleinere
Stadt- und Landhäuser besser geeignet. *Horace Walpole* erwähnt sie
bereits 1752 und achtzig Jahre später schrieb *J. C. Loudon:* ›die
Zeltbetten finden überall Verwendung und bedürfen keiner beson-
deren Beschreibung.‹

*Zelt- oder
Feldbetten*

Das Französische
Bett

Gleichermaßen beliebt war im frühen 19. Jahrhundert das ›*Französi-sche*‹ *Bett*. Bei diesem Typ war der Betthimmel entweder in der Mitte über der Schlafstatt an der Decke befestigt oder die Vorhänge hingen von einem gewölbten Baldachin herab.

Um 1830, zu der Zeit, als *Loudon* seine Werke verfaßte, fand eine bedeutende Umstellung in der Konstruktion von Betten statt. Gußeisen begann das Holz als Material zu verdrängen. *Loudon* beschrieb zwar auch eine Reihe von Holzbetten; er meinte jedoch auch, daß Bettstellen aus Holz und Sackleinen ›eine Versuchung für alles mögliche Ungeziefer darstellten und daher in letzter Zeit ausschließlich aus Schmiedeeisen hergestellt würden‹. Anstelle des Sack- oder Zeltleinens tritt ein Geflecht aus dünnen Eisenbändern.

Metallbetten

Allmählich setzten sich Bettgestelle aus Metall allgemein durch; Birmingham wurde ein Produktionszentrum. Um 1870 hatten die Eisen- und Messingbetten die alten Holzbetten fast völlig verdrängt. Auch Papiermaché fand Verwendung. Im Victoria und Albert Museum steht ein Bett mit angedeutetem Baldachin und Täfelungen aus diesem Material; die Pfosten sind aus lackiertem Eisen. Im 19. Jahrhundert waren auch Klappbetten sehr beliebt; zusammenge-

157 Nachttisch-chen aus Maha-goni, mit Band-intarsien aus Buchsbaumholz, ca. 1790. Solche Nachtkästchen wurden gewöhn-lich paarweise hergestellt und standen rechts und links des Bettes. (Harris)

158 Entwürfe für Waschtische von Thomas Shearer, Tafel 11 in »The Cabinet-Maker's London Book of Prices‹ (1788). Solche Stücke wurden fast ausnahmslos aus Mahagoni gefertigt. Die beiden Vertiefungen waren Seifenschälchen.

klappt wirkten sie wie ein Schrank *(Press Beds)* oder ein Sofa und ließen sich zu Betten ausziehen. Doch solche Faltbetten gibt es schon viel länger, mindestens seit dem 17. Jahrhundert.

Ein weiteres Möbel, das unbedingt zu einem Schlafgemach gehörte, war der Behälter für den Nachttopf. Bis in die Mitte des 18. Jahrhunderts hinein erfüllte diese Aufgabe ein Kasten mit aufklappbarem Deckel, der sogenannte *Close Stool.* Ab 1750 traten Nachttischchen oder Nachttopfkommoden *(Pot Cupboards)* an seine Stelle. Sie wurden gewöhnlich paarweise hergestellt. Das Beispiel auf Abb. 157 ist typisch für diese Möbel; die feine Maserung des Mahagoniholzes und die schmalen Bandintarsien lassen auf ein Datum um 1790 schließen. *Nachtkästen*

Auch *Waschtische* gehörten zur Schlafzimmereinrichtung; bis in die Mitte des 18. Jahrhunderts schien man jedoch für diesen Zweck kein eigenständiges Möbel gebaut zu haben. Solche Waschtische waren gewöhnlich aus Mahagoni; sie hatten Vertiefungen für die Seife und eine Waschschüssel. Während der *Chippendale-Periode* waren es gewöhnlich einfache, offene Gestelle. Spätere Modelle hatten aufklappbare Deckel, welche die Waschbecken verbargen; sie sahen wie kleine Kabinette aus (Abb. 158). Bei manchen Exemplaren war auch ein Spiegel eingelassen. Die sehr viel größeren Waschtische der viktorianischen Zeit hatten meist eine Marmorplatte. *Waschtische*

159 Frisiertisch aus Mahagoni, ca. 1765, mit aufgesetztem Schränkchen. Die durchbroche-ne Galerie ist im chinesischen Stil gehalten, das gotisierende Maß-werk auf den Schranktüren endet in Pagoden-dächern. Eine solche Stilver-mischung findet sich bei Möbeln aus dieser Zeit recht häufig. (Harris)

Frisiertische   **Frisiertische** sind seit der Restauration bekannt; meistens handelte es sich dabei jedoch nur um einfache kleine Tischchen mit ein paar Schubfächern unter der Platte, gewöhnlich waren es drei. Um 1725 entwickelte sich eine andere Form, die einem Schreibtisch mit Knieöffnung glich. Die Tischplatte, an deren Unterseite ein Spiegel eingelassen war, ließ sich hochklappen; darunter befanden sich eine Reihe kleiner Fächer für Toilettengegenstände und Schminksachen.

160 Wiege aus Eiche, ca. 1700. Die glatten, zu den Kanten hin abgeschrägten Füllungen könnten auf ein spätes Datum schließen lassen, doch ähnliche Wiegen auf Kufen wurden bereits seit Beginn des 17. Jahrhunderts angefertigt. (Geffrye Museum)

Auch manche Kommoden hatten unter ihrer Deckplatte eine ähnliche Aufteilung. Abb. 159 zeigt ein Toilettentischchen von ca. 1765 im gotisierenden Stil der Zeit. Dieser Stil ging weitgehend auf *Horace Walpole* und sein Haus ›Strawberry Hill‹ in Twickenham in Middlesex zurück. Bei dem abgebildeten Toilettentisch lassen sich die beiden Hälften der zweigeteilten Deckplatte seitlich aufklappen und bilden so zusätzliche Ablageflächen. Darunter befinden sich kleine Fächer für Schminksachen. Das aufgesetzte Kabinett stellt eine Besonderheit dar.

Im späten 17. Jahrhundert wurden auch separate *Toilettenspiegel* in großen Mengen hergestellt. Sie waren oft auf einem Sockel befestigt, der Schubfächer für Schminkutensilien enthielt. Im späten 18. Jahrhundert konnte die Dame zwischen Toilettentischchen mit gerader, gebauchter oder geschwungener Front wählen.

Toilettenspiegel

Häufig finden sich auch Spiegel in Schildform, passend zu den Stühlen mit Rückenlehnen dieser Art, ein Stil der eng mit dem Namen *George Hepplewhites* verbunden ist.

Kommoden und Kleiderschränke sind auf den Seiten 104f. und 127f. aufgeführt.

Wiegen   *Wiegen,* obwohl sie nicht zur spezifischen Schlafzimmerausstattung zu zählen sind, verdienen an dieser Stelle eine kurze Erwähnung. Die ältesten erhaltenen Exemplare stammen in der Mehrzahl aus dem 17. Jahrhundert. Sie sind in ziemlich grober Form nach der Rahmen-und-Füllwand-Methode konstruiert. Das Kopfende ist an den Seiten geschlossen und sozusagen »überdacht«, um das Kind vor Zugluft zu schützen. Die Wiegen stehen auf Kufen; die Eckpfosten sind hochgezogen, vermutlich, damit man das Kind leichter hin und her schaukeln konnte (Abb. 160). Dieser Wiegentyp wurde noch bis weit ins 18. Jahrhundert hinein hergestellt. Wir besitzen Skizzen aus späterer Zeit, unter anderem von *Thomas Sheraton, George Smith* und *J. C. Loudon,* doch nur wenige Stücke sind erhalten geblieben. Diese lassen nicht nur die solide Bauweise der älteren Stücke vermissen; sie sind auch in gewissem Maße unpraktisch, so daß sie nicht lange überdauern konnten.

5. Kleinmöbel

Spiegel

In größeren Mengen sind Spiegel in England wohl erst nach der Restauration hergestellt worden. Laut eines schriftlichen Antrages an das Parlament aus dem Jahre 1621 hatte Sir Robert Mansell, Patenthalter für die Herstellung von venezianischem Glas, auch Spiegel auf den Markt gebracht; aus dieser Zeit sind jedoch keine Stücke erhalten geblieben. Erst 1664 wurde die ›Worshipful Company of Glass-sellers and Looking-glass Makers‹ (die ›Ehren- werte Gesellschaft der Glashändler und Spiegelmacher‹) gegründet. Einige Jahre später leitete George Villiers, der Zweite Herzog von Buckingham, eine Glasmanufaktur in Vauxhall, in der auch Spiegel hergestellt wurden. John Evely, ein eifriger Verfasser von Tagebü- chern, besuchte diese Manufaktur im Jahre 1676. Er schreibt, die Spiegel seien ›größer und besser gemacht als jedes aus Venedig stammende Stück‹. Doch ist von noch existierenden englischen Spiegeln aus dieser Zeit her bekannt, daß sie kaum mehr als einen Quadratmeter maßen und größere und feinere Stücke nach wie vor importiert wurden. Das eingeführte Glas war jedoch recht teuer: drei Spiegel, die John Gumley und James Moor 1714 bzw. 1715 für den königlichen Haushalt anschafften, kosteten 120, 156 und 149 Pfund Sterling.

Glasherstellung in England

Die Rahmen der Spiegel reflektierten jeweils die entsprechenden Stilrichtungen, die in der Innenausstattung und Möbelkunst vor- herrschten.

Die viereckigen Spiegel der Restaurationszeit wurden oft von kunstvoll geschnitzten Rahmen gehalten. Sie stellten Blumen-, Blatt- und Fruchtgirlanden, Putten und Vögel in der Tradition von *Grinling Gibbons* und dem englischen Barock dar. Die aus Weich- holz geschnitzten kleinen Kunstwerke waren oft versilbert oder

Barockspiegel

175

vergoldet (Abb. 161). Es gab in jener Zeit aber auch Rahmen aus ganz ungewöhnlichen, kostbaren Materialien, so zum Beispiel aus Stoff mit erhabenen Stickereien, aus Schildpatt, aus Intarsien von Goldregen- oder Olivenholz, aus englisch-holländischer Blumenmarketerie und aus Lack. Der importierte Lack gelangte oft in Form von sechsfach gelegten Scheiben ins Land; diese wurden dann auseinandergeschnitten und als Furniere für Kabinette und andere Möbelstücke verwendet. Die Abfälle setzte man auf Spiegelrahmen zu oft recht bizarren Motiven zusammen. In ihrer Abhandlung ›Treatise of Japanning and Varnishing‹ (1685) erwähnen *Stalker* und *Parker* Szenen wie ›Delphine angeln in einem Waldstück‹, ›Hirschjagd‹ und ›Wildschweinjagd mitten im Ozean‹.

Während der Regierungszeit von Charles II. gehörten die Spiegel meist zu einer ganzen Garnitur. Sie wurden in der gleichen Weise ausgestaltet wie der Tisch, über dem sie später hingen, und wie die zwei auf dem Boden stehenden Kerzenständer, die dazugehörten. Im späten 17. Jahrhundert sind die Spiegelrahmen oft rechteckig und von einem prunkvollen Zentralmotiv bekrönt (Abb. 161). Nach 1690 jedoch wurden die Spiegel den hohen Räumen entsprechend, die man damals baute, immer länger. Sie waren meist aus mehreren Spiegelteilen zusammengesetzt. Die Nahtstellen wurden durch eine dekorative Zierleiste verdeckt. Die oberste Spiegelplatte war halbkreisförmig. Rahmen und Bekrönungen wurden oft aus *Verre Eglomisé* angefertigt, einem von der Rückseite bemalten Glas, das mit einer Metallfolie unterlegt wurde (Abb. 162). Aber auch geschnitzte und vergoldete Rahmen waren weiterhin sehr geschätzt.

In der frühen georgianischen Periode kamen Nußbaumrahmen mit kontrastierenden, vergoldeten Ornamenten sehr in Mode. Diese waren wesentlich weniger kostspielig als die vollständig vergoldeten, reich geschnitzten Exemplare, die für wohlhabende Auftraggeber weiterhin angefertigt wurden. Beide Arten nahmen nach 1730 eine mehr architektonisch anmutende Form an. Das Beispiel auf Abb. 163 zeigt den beliebten, verschnörkelten Giebel, der in dieser Zeit von vielen Herstellern bevorzugt wurde. Auch Muschelmotive fanden damals häufig Verwendung.

Rokokospiegel

Das um 1750 einsetzende Rokoko bot den Herstellern von Spiegelrahmen vielfältige neue Möglichkeiten. Die verschlungenen Ornamente mit ihren C- und S-förmigen Schwüngen ließen sich bis ins Unendliche variieren. Die meisten englischen Spiegelrahmen

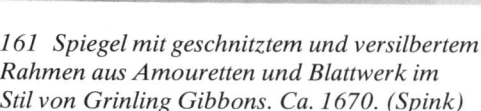

*161 Spiegel mit geschnitztem und versilbertem
Rahmen aus Amouretten und Blattwerk im
Stil von Grinling Gibbons. Ca. 1670. (Spink)*

*162 Spiegel mit vergoldetem Rahmen aus
Verre Eglomisé, mit Arabesken und Blumen-
girlanden verziert, ca. 1695. (Mallett)*

*163 Spiegel mit Nußbaumrahmen aus ge-
schnitzten und vergoldeten Ornamenten, ca.
1740. Eine Kartusche bildet das bekrönende
Mittelmotiv. (Mallett)*

164 Spiegel mit geschnitztem und vergoldetem Rahmen, in chinoiser Manier. Ca. 1755. Der Rahmen aus verschnörkeltem Blattwerk wird von einer Pagode bekrönt. (Mallett)

sind symmetrisch, doch auch die auf dem Kontinent bevorzugte asymmetrische Form ist gelegentlich anzutreffen. Besondere Beliebtheit genoß auch der chinesische Stil. So zierten die Spiegel bald Pagodendächer, Glöckchen, langhalsige Vögel und Mandarine. Abb. 164 zeigt einen Rahmen mit Anklängen an den chinoisen Stil. Der Rahmen wird von einer Pagode bekrönt. Die die Spiegelfläche umgebenden Blattranken sind relativ schlicht gehalten. Ein reizendes Detail sind die beiden gleichen Hunde, die rechts und links aus dem symmetrischen Rahmen herausgeschnitzt sind.

Ein Künstler, der die Stilmittel des Rokokos auf dem Gebiet der Schnitzerei besonders meisterhaft beherrschte, war *Thomas Johnson*. Seine Entwürfe für Spiegelrahmen charakterisieren diese Epoche beispielhaft. Doch auch *Mathias Lock, Thomas Chippendale, Ince* und *Mayhew* lieferten hervorragende Entwürfe.

165 Spiegel mit geschnitztem und vergoldetem Rahmen, im klassizistischen Stil. Ca. 1775. Eine Amphore und Fruchtgehänge bilden im wesentlichen das schlichte Dekor. In jener Zeit waren ovale Spiegel die Regel. (Mallett)

Das Verfahren zur Herstellung von Gußglas, das in Frankreich schon seit 1670 bekannt war, gelangte erst 1776 nach England, daher mußten größere Glasplatten immer noch importiert werden. Auch *Chippendale* hatte mit der Einfuhr von französischem Glas zu tun. Große Platten waren sehr teuer; im Juni 1778 schickten *Chippendale* und *Haig* einen Kostenvoranschlag an Sir William Knatchbull in Mersham-le-Hatch in Kent. Darin schwankten die Preise der Spiegel zwischen 155 und 180 Pfund, während die Rahmen nur zwischen 28 und 36 Pfund kosten sollten.

Die Revolution der Neo-Klassik durch *Adam* machte sich auch alsbald bei den Spiegelrahmen bemerkbar; es wurden antike Motive wie Fruchtfestons, das Palmettenmotiv, geflügelte Sphingen und Amphoren als Stilelemente eingeführt. Man bevorzugte nun einfache Konturen und ein schlichtes Dekor. Spiegel, die über den Kamin

Klassizistische Spiegel

179

oder an Pfeiler gehängt wurden, behielten ihre rechteckige Form bei, daneben wurden aber auch ovale Stücke hergestellt (Abb. 165). Während der frühen Regency-Zeit konnten sich runde Konvexspiegel durchsetzen. Es war dies die typische Form des Empire; in Frankreich wurden solche Spiegel schon ab 1756 hergestellt und wahrscheinlich bereits kurz danach in England eingeführt. Oft thronte ein Adler auf den Regency-Rahmen; auch waren an den Seiten häufig Kerzenhalter befestigt (Abb. 166). Gegen Ende des 18. Jahrhunderts und während des Regency kamen Hinterglasmalereien und Verre Eglomisé erneut in Mode.

Viktorianische Spiegel

In der viktorianischen Zeit entsprachen auch die Spiegelrahmen den vorherrschenden Moderichtungen im neogotischen, im Renaissance- oder im griechischen Stil. Mit wenigen bemerkenswerten Ausnahmen sind viktorianische Spiegel aber verhältnismäßig schlicht gerahmt. *J. C. Loudon* hatte überladene Prunkspiegel heftig angegriffen und als ›ergiebige Quelle schlechten Geschmacks‹ bezeichnet, ›für Leute, die nichts mit ihrem Reichtum anzufangen wüßten‹. Er forderte, besonders für größere Stücke, ›einfache, architektonisch wirkende Rahmen, die sich in das Gesamtschema des Raumes einpaßten‹. Man bevorzugte Eiche, Mahagoni, Nußbaum und andere polierte Hölzer; es gab allerdings nach wie vor auch den vergoldeten Rahmen. In der viktorianischen Zeit war das Glas bereits viel billiger; so wurden damals auch viele Möbel, zum Beispiel Anrichten, Chiffonieren und Kleiderschränke, verglast oder mit Spiegeln verkleidet. Solche Chiffonieren sind auch in ›The Cabinet-Maker's Assistant‹ (1853) abgebildet. Ein Kabinett, das von dem Franzosen *Eugéne Prignot* entworfen und 1855 von Jackson und Graham angefertigt wurde, ist in ähnlicher Weise mit einem großen Spiegel ausgestattet. (Das Stück befindet sich heute im Victoria und Albert Museum.)

Wandleuchter

Im Stil eng verwandt mit Spiegeln waren Wandleuchter. Bis zum Beginn des 18. Jahrhunderts wurden sie meist aus Messing oder Silber, dann auch aus Holz angefertigt. Manche waren mit einem kleinen Spiegel kombiniert, der das Kerzenlicht wirkungsvoll reflektierte. Diese mit dem französischen Wort *Girandole* bezeichnete Form war vor allem Mitte des 18. Jahrhunderts sehr beliebt. Die Wandleuchter wurden wie die Spiegelrahmen von besonders begabten Schnitzern angefertigt; die schönsten Entwürfe stammen von *Thomas Johnson*. Ebenso wie bei den zeitgenössischen Spiegeln

*166 Spiegel mit geschnitztem und vergoldetem Rahmen, ca. 1815.
Während des Regency bevorzugte man runde Konvexspiegel. Als Bekrönung
war der Adler ein beliebtes Motiv. (Harris)*

*167 Pendant
eines Paares von
geschnitzten und
vergoldeten
Girandolen, ca.
1760, von asym-
metrischer Form.
Rechts und links
zwei Kerzen-
halter. (Holtspur)*

entfaltet sich hier der ganze Formenreichtum des Rokokos. Die Kerzenhalter waren oft asymmetrisch in der Form; sie wurden jedoch meist paarweise hergestellt. Der vergoldete Leuchter auf Abb. 167 ist zweifellos das rechte Pendant eines Paares.

Wandarme aus Holz

Vom ausgehenden 17. Jahrhundert bis zum Ende der georgianischen Periode wurden auch geschnitzte Wandarme aus Holz angefertigt. Sie dienten als Konsolen für Porzellan (besonders für Porzellanfiguren) oder Uhren. Zu der Gubbay Collection, die man in Clandon Park bei Guildford in Surrey besichtigen kann, gehört eine ausgesucht schöne Sammlung von solchen Wandarmen aus der Mitte des 18. Jahrhunderts.

168 Kamin-
schirme aus
Mahagoni, ca.
1760, mit sog.
Soho-Tapisserie
bespannt. Die
mit geschnitzten
Akanthusmotiven
verzierten Ständer
enden in einem
Dreifuß. (Harris)

Paravents und Kaminschirme

Bei den Paravents lassen sich zwei Arten unterscheiden: Da ist
zunächst der eigentliche Paravent, auch ›spanische Wand‹ genannt.
Diese zusammenlegbare Stellwand besteht aus zwei bis zwölf
bespannten Holzrahmen und soll vor Zugluft schützen. Zur Bespan-
nung wurden die unterschiedlichsten, zumeist sehr kostbaren Materialien verwendet: Brokat und Stickereien, Seide und Leder.
Daneben gab es Paravents aus Rohrgeflecht und aus lackiertem
Holz; letztere kamen besonders im ausgehenden 17. Jahrhundert
sehr in Mode. Auch wurden sie in beträchtlichen Mengen importiert.
Einen gänzlich anderen Zweck erfüllte der Kaminschirm. Bis ca.
1730 bestand er im allgemeinen aus einem flachen, mit besticktem
Stoff bespannten Rahmen auf einem Paar geschweifter Füße. Diese
Form erhielt nach 1730 eine ernsthafte Konkurrenz durch den *Pole*

*Paravents im
17. Jahrhundert*

183

Screen. Dabei war der oft gleichfalls mit kostbarer Stickerei bespannte Schirm an einem hohen Ständer befestigt, der in einem Dreifuß endete, und zwar so, daß man ihn in der Höhe verstellen konnte (Abb. 168). Diese *Kaminschirme* schützten die Umsitzenden vor der sengenden Hitze, die offene Feuerroste und Kamine verbreiteten. Besonders Damen durften nicht ungeschützt am Feuer sitzen, um ihr fetthaltiges Make-up nicht zu gefährden.

Pole Screens Neben den starren, mit Stickereien, gefältelter Seide oder bemalten Stoffen bespannten Holzrahmen finden sich während des Regency und der frühviktorianischen Zeit auch *Pole Screens,* bei denen von einem Querbalken eine Stoffbahn herunterhängt. Bei manchen Exemplaren aus dem 19. Jahrhundert ist der Ständer aus Messing. In jener Zeit verloren diese Schutzschirme jedoch an Bedeutung; nach 1850 wurden sie kaum noch hergestellt. *J. C. Loudon* meinte, sie seien nun weniger notwendig, ›da sich die Gesellschaft wegen der verbesserten Heizmöglichkeiten, die im ganzen Raum eine gleichmäßige Temperatur schufen, nicht mehr unbedingt um den offenen Kamin herum gruppieren mußte‹.

Die ältere Form des Schutzschirms auf zwei Füßen, der *Cheval Fire Screen,* wurde dagegen weiterhin gebraucht. *Thomas Chippendale* bezeichnet ihn in seinem ›The Director‹ als ›*Horse‹ Fire Screen.* Abb. 169 zeigt einen viktorianischen Kaminschirm von ca. 1845. Der Rahmen ist eine Imitation des elisabethanischen Stils aus der Zeit von Elisabeth I. Das zeigt sich besonders in dem durchbrochenen Rahmenwerk über der bemalten Füllung. Diese steht mit ihrer viktorianischen Parklandschaft in krassem Gegensatz zum Stil der Rahmung. Da dieser niedrige Schutzschirm auch sehr dekorativ eine leere Feuerstelle verdeckte, hielt man noch lange an ihm fest, nachdem der *Pole Screen* längst aus der Mode gekommen war.

Canterburies
(Zeitschriften- oder Notenständer)

Frühe Dieser Begriff bezeichnet einen niedrigen Ständer, der neben dem
Canterburies Klavier oder dem Flügel stand und gebundene Notenbücher enthielt. Die ältesten Exemplare stammen wahrscheinlich aus der Zeit um 1800. *Thomas Sheraton* verwendet diesen Ausdruck in seinem ›Cabinet Dictionary‹ (1803) nicht nur für Notenständer

169 *Ofenschirm aus Papier-maché, ca. 1845, in neo-elisabeta-nischem Stil mit einem Rahmen aus durchbro-chenem Schnitz-werk. Der Schirm ist mit dem Mar-kenzeichen von Jennens and Bettridge aus Birmingham ge-zeichnet. (Victoria & Albert Museum)*

sondern auch für ein ›Serviertischchen, das während der Mahlzeiten neben den Eßtisch gestellt wurde, und in seinen Fächern Besteck und Geschirr enthielt‹. Es gibt heute noch solche Serviertischchen; sie werden jedoch nicht mehr als *Canterburies* bezeichnet. Laut

Serviertische

185

170 Canterbury aus Palisander mit Bandintarsien aus Buchsbaumholz, einem Schubfach und kurzen, gedrechselten Stützen, ca. 1810. (Harris)

Sheraton ging die ursprüngliche Benennung auf den Erzbischof von Canterbury zurück, der als erster ein solches Möbel in Auftrag gegeben haben soll.

Das auf Abb. 170 gezeigte Beispiel entstand etwa 1810; die zierlichen, gedrechselten Beine sind auf Messingrollen montiert, wie es in jener Zeit auch häufig bei Tischen der Fall war. Im unteren Teil des *Canterburies* befindet sich ein Schubfach für lose Notenblätter; die mittlere Querstrebe ist ausgebuchtet und bildet einen Handgriff – beides typische Merkmale eines solchen Möbels. Auch in der viktorianischen Zeit wurden *Canterburies* angefertigt, und zwar mit immer kunstvolleren Formen und geschnitzten Verzierungen; etwa um 1850 schwand ihre Beliebtheit. Aus der frühviktorianischen Zeit gibt es einige Exemplare aus Papiermaché. Heute werden die *Canterburies* meist als Zeitschriftenständer verwendet.

Canterburies der viktorianischen Epoche

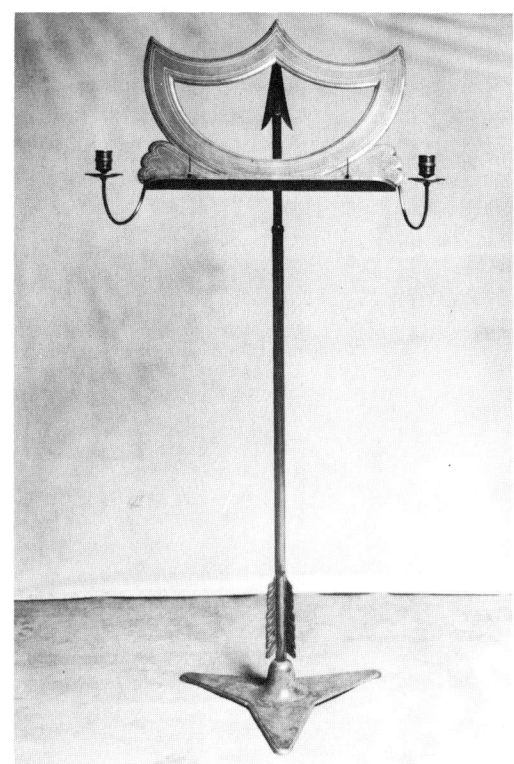

*171 Notenständer
in der Form von Pfeil
und Bogen, aus vergoldetem Metall, ca. 1810.
(Harris)*

Notenständer

Notenständer tauchen erstmals in der zweiten Hälfte des 18. Jahrhunderts auf; in zeitgenössischen Dokumenten werden sie als ›Pults‹ (Desks) bezeichnet. Sie sind meist in der Höhe verstellbar, und nicht selten befinden sich Kerzenhalter an beiden Seite des Pults. Beispiele dieser Art finden sich bei *Ince, Mayhew und Hepplewhite*. Der Notenständer auf Abb. 171 stammt aus der Regency-Ära und hat die Form von Pfeil und Bogen. Dieses Stück ist ganz aus Metall; die meisten Notenständer hatten einen Metallfuß, während das Notenpult aus Holz bestand. In der ›Encyclopaedia‹ (1833) von *J. C. Loudon* finden wir ein vielseitiges Modell. Das Pult läßt sich flach herunterklappen, so daß man den Notenständer auch als Tischchen verwenden kann.

*Notenständer in
der Regency-Ära*

Dumb Waiters (Stumme Diener)

Beistelltischchen

Der Dumb Waiter, der ›Stumme Diener‹, ist ein zwei- bis dreistöckiges Dreifußtischchen, dessen nach oben zu immer kleiner werdende Platten drehbar sind. (Abb. 172). Dieses Möbelstück wurde wahrscheinlich im frühen 18. Jahrhundert entwickelt und fand großen Anklang. Man konnte während der Mahlzeit bequem die verschiedenen Speisen und Getränke darauf abstellen, so daß die Gäste in der Lage waren, sich selbst zu bedienen. Auch wurde die Konversation nicht durch die Anwesenheit von Bediensteten unterbrochen.

172 Dumb Waiter (Stummer Diener) aus Mahagoni, auf einem Dreifuß in der Form von Adlerklauen. Die Mittelstütze ist mit Akanthusmotiven verziert. Ca. 1740. (Mallett)

173 Mahagonitischchen für den Teekessel (Kettle Stand) ca. 1760, mit quadratischen, kannelierten Beinen und durchbrochenen Winkelstützen. (Harris)

Kettle Stands
(Abstelltischchen für Teekessel)

Diese Abstelltischchen kamen mit der wachsenden Beliebtheit des Teetrinkens in Mode. Die ältesten Stücke stammen wahrscheinlich aus dem ausgehenden 17. Jahrhundert; doch erst Mitte des 18. Jahrhunderts waren sie allgemein gebräuchlich. Ein typisches Beispiel findet sich auf Abb. 173. Auf diesen Tischchen wurden der Teekessel und das dazugehörige Rechaud abgestellt; die erhabene Tischkante schützte die Flamme des Rechauds vor Zugluft. An einer Seite ließ sich eine Platte als Abstellfläche für die Teekanne herausziehen.

Ein Typus des 18. Jahrhunderts

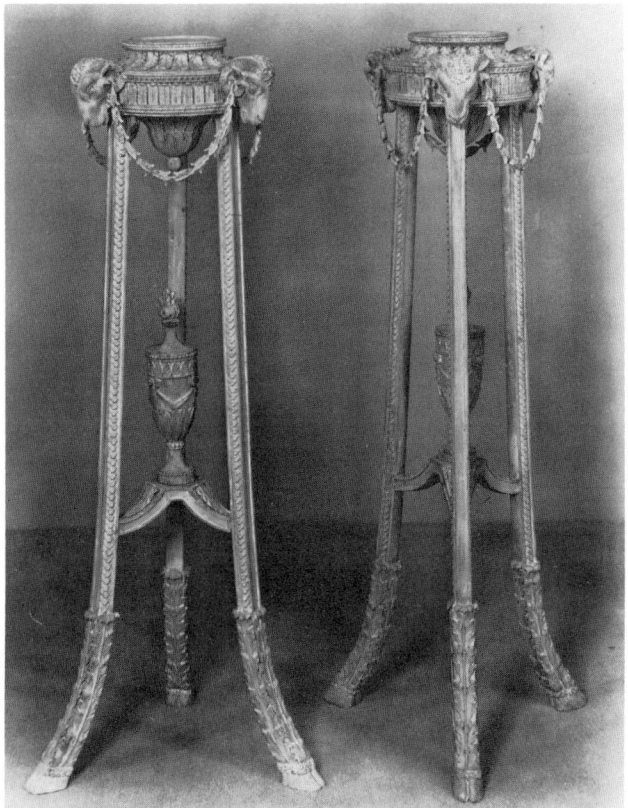

174 Geschnitzte und vergoldete Kerzenständer, ca. 1775, im klassizistischen Stil, verziert mit Widderköpfen und Blumen-festons. Die Beine sind huf-förmig ausgebil-det, die Streben laufen in einer klassischen Amphore zusam-men. (Hotspur)

189

Eine andere Art aus der Mitte des 18. Jahrhunderts hatte die Gestalt eines kleinen Teetisches. Dabei ruhte die Platte auf einem Dreifuß; die Kante zierte eine Galerie. In der Größe entsprechen diese Stücke den modernen Reproduktionen, die heute in vielen Möbelhäusern als ›Wein-Tischchen‹ angeboten werden. Aus naheliegenden Gründen ist im Gegensatz zu diesen die Platte der *Kettle Stands* nicht mit geprägtem Leder bespannt.

Weinkühler

Vor 1730 waren die meisten Weinkühler wohl aus Metall, kostbarere Stücke aus Silber. In der zweiten Hälfte des 18. Jahrhunderts wurde jedoch eine andere Art gebräuchlich. Es waren dies mit Blei ausgeschlagene Mahagonizisternen, die gewöhnlich auf kurzen Beinen standen. Unter den meisten herrschaftlichen Wohnhäusern befand sich ein Keller, in dem Eis aufbewahrt wurde. Kurz vor dem Gebrauch füllte man ein paar Eisstückchen in den Weinkühler, um die Flaschen kalt zu halten.

175 Achteckiger Weinkühler aus Mahagoni, ca. 1770, mit Messingbeschlägen. (Harris)

190

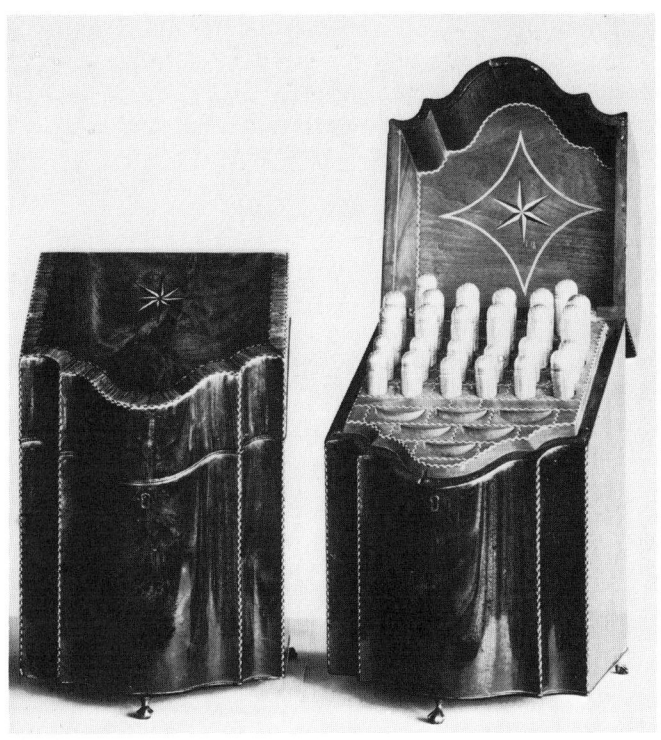

176 Besteck-kästen aus Mahagoni, mit Satinholz, Buchsbaum und Ebenholz intarsiert, ca. 1775. (Victoria & Albert Museum)

Ganz ähnlich in der Form sind die Weinschränkchen, in denen man den Alkohol aufbewahrte. Sie haben einen verschließbaren Deckel, sind aber nicht mit Blei ausgeschlagen. Der achteckige Flaschenbehälter auf Abb. 175 ist typisch für die schlichteren Stücke der georgianischen Zeit. Im klassizistischen Zeitgeschmack von *Adam* und dem späten Regency entstanden aber auch Weinkühler in der Form antiker Zisternen und Sarkophage.

Weinschränkchen

Besteckkästen

Speziell zum Aufbewahren von Besteck bestimmte Kästen scheint es schon mindestens seit dem frühen 17. Jahrhundert gegeben zu haben; aus der Zeit vor 1750 sind jedoch kaum Beispiele erhalten geblieben. Ab der zweiten Hälfte des 18. Jahrhunderts finden sich

*Typen von
Besteckkästen*

zwei Grundtypen. Die gebräuchlichste Form hat eine geschweifte Vorderfront und einen abgeschrägten Deckel, in den häufig ein sternförmiges Motiv intarsiert ist. Auch schmale Bänder von schachbrettartigen Einlegearbeiten schmücken oft die Außen- wie die Innenseiten solcher Behälter. Messer und Gabeln wurden mit dem Griff nach oben in den hinteren Teil des Kästchens gesteckt; die Löffel, umgekehrt, in den vorderen (Abb. 176). Schon um 1780 wurden die Besteckkästen offenbar weitgehend von Kunsthandwerkern angefertigt, die sich auf dieses Gebiet spezialisiert hatten.

Die zweite Art von Besteckkästen war vasenförmig. Sie verdankte ihre Beliebtheit dem *Adam-Stil.* Der Deckel ließ sich an einer in der Mitte durchlaufenden Stütze senkrecht hochschieben; durch eine Stützvorrichtung wurde er offengehalten. Um diese zentrale Strebe herum waren Fächer für das Besteck angeordnet. Solche Besteckkästen wurden als Paare angefertigt. Die vasenförmigen Behälter gehörten oft zu einem passenden Sockel (siehe Seite 158).

Teedosen und Teapoys

*Teedosen des
18. Jahrhunderts*

Am Anfang war der aus dem Fernen Osten importierte Tee in England sehr teuer (ein Angebot aus dem Jahre 1665 veranschlagt Preise zwischen 16 und 50 Schillingen pro Pfund). In der ersten Hälfte des 18. Jahrhunderts fielen die Preise leicht; wegen der Einfuhrsteuer, die für Handelswaren erhoben wurde, blieben sie jedoch immer noch relativ hoch. Die Bezeichnung *Caddy* (= Teedose oder -büchse), eine abgewandelte Form des Wortes *Kati* – ein chinesisches Maß, das etwa einem Pfund entspricht - kam erst gegen Ende des 18. Jahrhunderts in Gebrauch. *Thomas Chippendale* bezeichnet seine im ›Director‹ enthaltenen Entwürfe für solche Dosen noch als *Tea Chests.* Vor 1800 waren die Teebüchsen meist klein und in eines oder zwei Fächer eingeteilt, die mit dünnem Metall ausgeschlagen waren. Größere, kostbarer gearbeitete Stücke enthielten lose Behälter (manchmal aus Silber), in denen man

VI. Bonheur du Jour, Schreibtisch aus Mahagoni mit reicher Einlegearbeit, ausklappbare Schreibfläche, im Sheraton-Stil, ca. 1890. (Dry von Zezschwitz, München)

177 Teebüchsen aus dem späten 18. Jahrhundert aus verschiedenen Hölzern. Die Dose in der Mitte unten ist mit Schildpatt furniert. (Spink)

verschiedene Teesorten sowie Teelöffel aufbewahren konnte. Nach 1800 wurden viele Teedosen in Form von Sarkophagen hergestellt. Manche enthielten zwei Holzkästen mit aufklappbarem Deckel für den Tee, in der Mitte war eine Vertiefung für ein Glasschälchen mit Zucker oder zum Mischen der beiden Teesorten eingesetzt.

Obgleich die Teepreise im 19. Jahrhundert drastisch gesenkt wurden, behielt man den Typus der Teebüchse mit abschließbarem Deckel noch bis weit ins viktorianische Zeitalter hinein bei.

Teebüchsen sind interessante Sammelobjekte. Sie wurden aus Holz und Metall gemacht, später mit Leder (Chagrin) überzogen, bemalt, intarsiert oder mit Schildpatt furniert (Abb. 177). Von den viktorianischen Stücken sind besonders die *Tunbridge-Arbeiten* berühmt. Es handelt sich dabei um Kästchen, die mit Hölzern mit ausgesucht schöner Maserung furniert wurden. Die Marketerien stellten kunstvolle Blumenmotive, Schmetterlinge und Landschaftsbilder meist aus der Gegend von Tunbridge Wells, dar. Leider fehlen bei den meisten heute noch erhaltenen Teebüchsen zumeist irgendwelche

Viktorianische Teebüchsen

193

Teile. Ersatzschälchen und Fächer sind sehr schwer zu finden; abgesehen davon gibt es sie in derart vielen, verschiedenen Formen und Größen, daß man wohl nur durch Zufall ein passendes Ersatzstück erhält.

Teapoys Die sogenannten *Teapoys* wurden in der ersten Hälfte des 19. Jahrhunderts hergestellt. Sie bestehen aus einer stark vergrößerten Teebüchse, die oft bis zu vier Teedosen und zwei Mischgefäße oder Zuckerschälchen enthält. Dazu gehört ein Ständer, bestehend aus einem Mittelfuß und einem Sockel; das Ganze stand als eigenständiges Möbel auf dem Boden.

(Ebenfalls sehr interessante Sammelobjekte sind Nähkästchen. Stilistisch zeigen sie oft ähnliche Merkmale wie die Teebüchsen; sie *Nähkästchen* sind nur etwas größer. Auch die Nähkästchen besitzen einen weit höheren Wert, wenn die Innenausstattung noch komplett ist.)

Uhren

Standuhren im Barock Eine detaillierte Beschreibung von Uhren würde in einen Fachbuch über Möbel wohl zu weit führen; besonders *Standuhren* bildeten jedoch oft einen interessanten Blickfang innerhalb einer Einrichtung. Die Ausgestaltung eines kostbaren Uhrengehäuses verlangte dem Kunsthandwerker größte Geschicklichkeit ab. Die hohe *Dielenuhr* wurde erst durch die Erfindung des Perpendikels durch den holländischen Mathematiker Christian Huygens im Jahre 1657 möglich. Zur Standarduhr wurde jedoch ein Modell des Engländers Dr. Robert Hooke aus dem Jahre 1666, dessen langes Pendel genau einmal pro Sekunde ausschlug. Die Vorteile dieser Entwicklung, zusammen mit der Erfindung der Ankerhemmung, machten die *Standuhr* zu einem genau arbeitenden Zeitmeßgerät. Die Gewichte, die den Antrieb der Uhr besorgten, wurden nun in einem Gehäuse verborgen.

In der späten Stuart- und der frühen georgianischen Periode war England führend auf dem Gebiet der Uhrmacherkunst. Damals arbeiteten Meister wie *Thomas Tompion, Daniel Quare, die Familie Knibb, Edward East, Joseph Windmills, George Graham* und *John Harrison.* Den Uhren wurde von ihren Besitzern ein hoher Wert beigemessen. Die Uhrgehäuse waren denn auch in vielen Fällen mit kostbaren Marketerien geschmückt.

178 Standuhr aus Nußbaum, dekoriert mit englisch-holländischer Blumenmarketerie, ca. 1690. Sie läuft acht Tage lang und schlägt jede Stunde, ein Werk von Edward Faulbury, London. (Harris)

179 Standuhr mit Mahagonigehäuse und Schnitzereien, Schwanenhalsgiebel und Zieraufsätzen, ca. 1770. John Woollenden, Royton, schuf das Uhrwerk, das acht Tage läuft, ein Stundenschlagwerk besitzt und die Mondphasen anzeigt. (Harris)

Die *Standuhr* auf Abb. 178 zeigt die für die Zeit zwischen 1670 und 1690 typischen englisch-holländischen Blumenintarsien. Durch eine Öffnung im Uhrengehäuse konnte man das Schwingen des Perpendikels beobachten, ein Merkmal, das viele Uhren des 17. und frühen 18. Jahrhunderts aufweisen. Der geläufigste Uhrentyp lief acht Tage lang ohne Aufziehen und schlug jede Stunde. Im oberen Teil des Zifferblattes ist ein unabhängiger Sekundenzeiger zu sehen; in dem kleinen, quadratischen Feld in der unteren Hälfte wird der Wochentag angezeigt. Eine weniger kostspielige Ausführung , die vor allem von ländlichen Uhrmachern bevorzugt wurde, lief nur dreißig Stunden; sie mußte jeden Tag aufgezogen werden. Solche Uhren wurden nicht durch einen Schlüssel aufgezogen, sondern dadurch, daß man die Kette, an der das Gewicht hing, nach oben zog.

Die Uhren, die von Londoner, aber auch von hervorragenden provinziellen Uhrmachern hergestellt wurden, waren bis 1740 gewöhnlich mit Nußbaum, später dann mit Mahagoni furniert; aber auch lackierte Gehäuse waren bis 1760 sehr beliebt. Auf dem Lande war Eiche das meistverwendete Material für Uhrengehäuse, doch selbst so bedeutende Hersteller, wie *Thomas Tompion* verwendeten gelegentlich dieses Holz. Die Uhr auf Abb. 179 ist ein schönes Beispiel für feine provinzielle Handwerksarbeit. Die Uhrengehäuse wurden offensichtlich nicht vom Uhrmacher hergestellt, dessen Name im Zifferblatt eingraviert ist; in den meisten Fällen müssen sie aber in unmittelbarer Nachbarschaft der Stadt entstanden sein, deren Name ebenfalls auf dem Zifferblatt zu finden ist.

Das Beispiel auf Abb. 179 hat eine Besonderheit, die bei vielen Uhren aus dem späten 18. und dem frühen 19. Jahrhundert zu finden ist: eine halbrunde Skalenscheibe zeigt die Mondphasen an. Diese bogenförmige Skala wurde um 1715 eingeführt, doch auch bei jüngeren Uhren finden sich noch quadratische Anzeigetafeln. Bis ca. 1780 waren die Zifferblätter gewöhnlich aus Messing, der äußere Rand mit den Zahlen darauf war zumeist versilbert, damit sich die Zeiger besser abhoben. Bei manchen Uhren aus dem späten 18. Jahrhundert wurde aus diesem Grund gleich das ganze Zifferblatt versilbert; eine billigere Lösung dieses Problems bot die Verwendung einfach weißgestrichener oder aber seltener, emaillierter Zifferblätter aus Eisen. Bei den weißgestrichenen Stücken wurden die *Spandrillen* aus gegossenem Messing durch andere Dekorationen ersetzt, zunächst meist durch Blumenmotive, später dann durch gemalte rustikale oder exotische Landschaften.

180 *Tischuhr aus Mahagoni mit vergoldeten Beschlägen und Zieraufsätzen, ca. 1770. Das Uhrwerk, das acht Tage lang läuft und jede Stunde schlägt, stammt aus der Werkstatt von Benjamin Ward, London Road, Southwark. (Harris)*

181 *Tischuhr mit Mahagonigehäuse und Einlegearbeiten aus Messing, ca. 1805. Das acht Tage laufende Uhrwerk ist nicht mit dem Namen des Herstellers bezeichnet. (Privatsammlung)*

Uhren aus dem frühen 19. Jahrhundert, besonders jene, die im Norden Englands hergestellt wurden, hatten Gehäuse mit voluminösen Pendelkästen, die reich mit Bandintarsien und gedrechselten und geschnitzten Dekorationen verziert waren. Solche Uhrkästen sind oft handwerklich schön gearbeitet, jedoch nicht immer gefällig in der Form. Sie stammen aus der Zeit des wachsenden Wohlstandes der Mittelklassen – der ersten Phase der industriellen Revolution – in den Industriegebieten von Yorkshire und Lancashire. Schon lange vor dem Ende des 18. Jahrhunderts wurden, um der steigenden Nachfrage Herr zu werden, viele Uhrteile, manchmal sogar komplette Mechanismen, in größeren Mengen nach einem Einheitsschema hergestellt. So sind die Namen auf den Zifferblättern von Uhren aus dem späten 18. und dem 19. Jahrhundert in vielen Fällen nur noch die von Fabrikanten und Einzelhändlern.

Uhren des 19. Jahrhunderts

197

Die meisten *Standuhren* aus der Zeit nach 1730 stammen von provinziellen Herstellern. In London waren zu dieser Zeit bereits die von einer Feder angetriebenen *Tisch-* oder *Konsoluhren* in Mode gekommen. Sie waren in England erstmals nach der Restauration aufgetaucht. Wie die Uhren, die der holländische Uhrmacher Fromanteel im Jahre 1658 entwickelt hatte, arbeiteten sie mit einem ganz kurzen Perpendikel. Diese *Tischuhren* waren tragbar und man konnte sie mit einem Repetiermechanismus ausrüsten, der durch eine Schnur an der Rückseite der Uhr ausgelöst wurde. Wenn man an der Kordel zog, schlug die Uhr die jeweils letzte Stunde. Das war besonders bei Nacht von Nutzen, wenn man nicht extra Licht anzünden wollte, um nach der Zeit zu sehen. Die Tischuhren hatten ähnliche nur etwas kleinere Messingzifferblätter wie die Standuhren (Abb. 180). Die Skalenscheiben von georgianischen und besonders von Regency-Uhren waren weißgestrichen. In der Regency-Zeit waren sie rund und von einer konvexen Glasscheibe bedeckt. Das Gehäuse bestand gewöhnlich aus Mahagoni, es wurde mit Messingmarketerie verziert und in vielen Fällen mit Zieraufsätzen aus *Ormoulu* bekrönt (Abb. 181). Von der Mitte des 18. Jahrhunderts an sahen sich die englischen Uhrmacher jedoch einer starken Konkurrenz durch französische Uhren, die in immer größeren Mengen importiert wurden, ausgesetzt. Um die Mitte des 19. Jahrhunderts beherrschten sie den englischen Markt vollkommen.

Barometer

Es gibt zwei Arten von antiken Barometern:

1. Das *Stab-* bzw. *Phiolenbarometer* besteht aus einem mit Quecksilber gefüllten Behälter, aus dem ein luftleer gepumptes Glasrohr aufsteigt. Der Luftdruck drückt das Quecksilber mehr oder weniger stark in das hohle Glasröhrchen. Wegen der relativ geringen Bewegung der Quecksilbersäule mußte man das Barometer mit einem Verpier, einem Feineinsteller, ausrüsten. Solche Luftdruckmesser wurden seit dem Ende des 17. Jahrhunderts hergestellt, manche von so bedeutenden Uhrmachern wie *Thomas Tompion* und *Daniel Quare*. Bei einigen wenigen Exemplaren steigt das Glasrohr senkrecht an und ist dann fast horizontal abgewinkelt. Barometer mit geradem Glasröhrchen wurden für den Hausgebrauch noch bis in die letzten Jahre des 19. Jahrhunderts hergestellt.

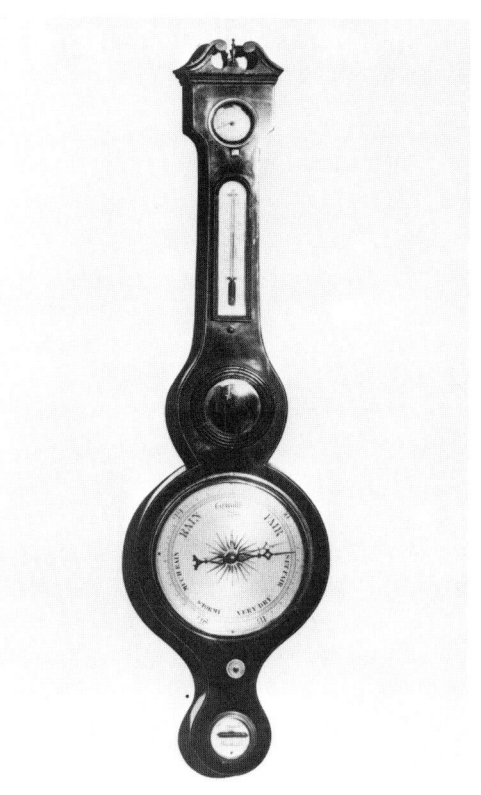

182 Barometer in einem Mahagonirahmen, ca. 1840, von D'Angelo & Co., Winchester, mit Hygrometer, einem herausnehmbaren Thermometer, Konvexspiegel und Wasserwaage. (Privatsammlung)

2. Das *Rad-* oder *banjoförmige Barometer* wurde im späten 17. Jahrhundert entwickelt. Es war ein Versuch, die relativ geringe Bewegung der Quecksilbersäule zu multiplizieren, und das Ergebnis mit Hilfe eines Zeigers auf einem großen Zifferblatt anzuzeigen. Man hoffte, dadurch genauere Meßwerte ablesen zu können, doch solche Barometer waren bis zum Ende des 18. Jahrhunderts noch sehr selten. Damals wurde das ›Banjo‹-Barometer vom Kontinent eingeführt, das in der ersten Hälfte des 19. Jahrhunderts einen durchschlagenden Erfolg hatte. Es scheint, daß sich bei der Herstellung solcher Instrumente besonders eingewanderte italienische Handwerker hervortaten. Die Gehäuse waren gewöhnlich aus Mahagoni, es wurde aber auch Palisander verwendet. Den Rahmen

Rad- oder Banjobarometer

des Barometers krönt oft ein verschnörkeltes oder durchbrochenes Aufsatzstück. Die Skalenscheibe ist aus versilbertem Messing, die Nadel aus reinem Messing. Bei Stücken aus dem frühen 19. Jahrhundert ist über dem Barometer ein langes Thermometer angebracht, darunter häufig eine Wasserwaage. Bei jüngeren Exemplaren finden sich ein etwas kürzeres Thermometer, ein Hygrometer zum Messen der Luftfeuchtigkeit und ein runder Spiegel (Abb. 182). Wie bei den Uhren aus dieser Zeit ist der auf der Skala eingetragene ›Hersteller‹-Name oft nur der des Einzelhändlers oder des Fabrikanten, der die einzelnen Teile montieren ließ. Eine ganze Reihe von Barometern gleicher Art trägt statt des Handelsnamens zu beiden Seiten der Wasserwaage die Inschrift ›Guaranteed accurate‹ (= geeicht). Bei spätviktorianischen Stücken sind die Gehäuse mit voluminösem Dekor und Schnitzwerk überladen. In dem Katalog von Negretti & Zamba aus den späten sechziger Jahren des 19. Jarhunderts finden sich aber auch Barometer im ›georgianischen‹ Stil. Im späten 19. Jahrhundert wurde das Quecksilberbarometer vom *Aneroidbarometer* verdrängt. Dabei wirkt der Luftdruck auf eine luftleer gepumpte Metalldose; auch hier wird die Bewegung auf einen Zeiger übertragen. Die Aneroidbarometer reagieren auf geringere Luftdruckschwankungen; auch kann hier kein Quecksilberfaden abreißen und so das ganze Instrument unbrauchbar machen.

Aneroid-
barometer

6. Holzarten

Es würde zu weit führen, all die vielen verschiedenen Hölzer aufzuführen, die in der Vergangenheit von englischen Kunstschreinern für die Herstellung von Möbeln verwendet wurden. Bestimmte Hölzer wie *Eiche, Nußbaum, Mahagoni, Satinholz* und *Palisander* sind jedoch so häufig, daß sie auch der Neuling auf diesem Sektor unbedingt kennen sollte. Andere Holzsorten wurden seltener oder hauptsächlich für Intarsien und Marketerien verwendet. Sie sind daher schwieriger zu identifizieren.

Häufigste Holzsorten

Eine bloße Beschreibung innerhalb eines Fachbuches kann immer nur ungefähre Erkennungshilfen vermitteln. Will man die verschiedenen Hölzer wirklich gründlich kennenlernen, sollte man unbedingt ein Museum besuchen, in dem die ausgestellten Möbel ausführlich beschriftet oder in einem Katalog beschrieben sind. Selbst mit einer ganz geläufigen Holzsorte können die unterschiedlichsten Effekte erzielt werden, je nachdem von welchem Teil des Baumes sie stammt und auf welche Weise sie geschnitten wurde.

1500–1660

In diesem Zeitabschnitt (dem sogenannten Age of Oak) war *Eiche* das gebräuchlichste Möbelholz. Das meiste davon wurde in England geschlagen. Eine geringere Menge wurde auch aus dem Baltikum importiert, gerade dieses Holz wurde besonders gerne für die qualitativ erstrangigen Möbel verwendet. Im späten 16. Jahrhundert kamen Einlegearbeiten aus einheimischen Hölzern sehr in Mode. Man verwendete dazu *Mooreiche, Stechpalme, Sykomorenholz, Pappel, Buche, Esche* und *Obsthölzer*. Im ausgehenden 16. und frühen 17. Jahrhundert fand wohl auch *Nußbaum* immer häufiger

›Age of Oak‹

Verwendung, denn in zeitgenössischen Inventarverzeichnissen werden feine Möbelstücke aus diesem Holz immer wieder erwähnt. Bacon beispielsweise rühmt in seiner ›Naturall Historie‹ (1626) die guten Eigenschaften von *Nußbaum* als Holz für Tische, Schränke und Schreibpulte. Doch da es weniger widerstandsfähig als *Eiche* und außerdem anfällig für Wurmbefall ist, sind nur wenige Stücke aus dieser Zeit erhalten geblieben. Das gleiche gilt auch für einige andere einheimische Hölzer, zum Beispiel für *Rüster* (Ulmenholz), das hauptsächlich für Tischplatten und für Sitzflächen von Stühlen verwendet wurde. *Esche* und *Buche* fand vor allem für Stühle Verwendung; einige gedrechselte Stücke sind jedoch auch aus *Eibe*.

1660–1730

Diese Periode kann man mit vollem Recht als ›Age of Walnut‹, als Nußbaumzeitalter, bezeichnen, denn in jener Zeit war *Nußbaum* das dominierende Möbelholz. Es wurde gewöhnlich massiv für Tisch- und Stuhlbeine und furniert für Kastenmöbel verwendet. Als Kernholz verarbeitete man in den meisten Fällen baltische *Fichte*. Man hatte nämlich die Erfahrung gemacht, daß das Furnier darauf wesentlich besser hielt, als auf einheimischer *Eiche*. Vor allem in einigen Gebieten Südenglands wurden damals Nußbaumpflanzungen angelegt, zum Beispiel die von Francis Slydolf in Mickleham in Surrey und jene von Sir Robert Claydon in Marden in Kent. Doch das einheimische Holz konnte die steigende Nachfrage nicht befriedigen; so mußte weiteres Material vom Kontinent importiert

›Age of Walnut‹   werden. Besonders beliebt war französisches *Nußbaum* aus der Gegend um Grenoble. Im Jahre 1709 richtete ein besonders harter Winter große Zerstörungen im zentraleuropäischen Baumbestand an; viele junge Pflanzen erfroren, so daß der Nachschub ins Stocken geriet. Doch diese Versorgungslücke konnte durch ein dunkleres *Nußbaum (Juglans Nigra)* aus der amerikanischen Kolonie Virginia geschlossen werden.

In der Zeit nach der Restauration kamen das sogenannte ›Hirnholz-furnier‹ (Oysterveneer) aus *Nußbaum, Oliven-* und *Goldregenholz* sehr in Mode. Dabei wurde das Material quer zur Maserung geschnitten, und zwar so, daß sich eine besonders dekorative Zeichnung immer wiederholte.

Zu Beginn des 18. Jahrhunderts bevorzugte man aus dem Bereich nahe der Baumwurzel geschnittenes *Wurzelnußbaum* und das *Burr Walnut*, das rund um die Astlöcher gewonnen wurde. Die Furniere aus solchem Holz zeigen eine besonders lebhafte und ausgeprägte Maserung.

Für ländliche Möbel wurden weiterhin einheimische Hölzer wie *Eiche, Esche* und *Rüster* verwendet. Manche Tischler arbeiteten dabei nach wie vor mit der Rahmen- und Füllwandmethode. Einige wenige Möbel aus dem späten 17. Jahrhundert sind mit *Maulbeer-* oder *Königsholz* furniert. Letzteres ist ein brasilianisches Holz mit dekorativer Zeichnung, ähnlich wie *Palisander*.

1730–1770

Gelegentlich wurde auch nach 1730 noch *Nußbaum* für Kabinette, Kommoden, Schreibtische und Uhrgehäuse verwendet, nach 1750 wurde dieses Holz jedoch immer seltener. Provinzielle Schreiner verarbeiteten auch in dieser Zeit nach wie vor einheimische Hölzer. Doch war, von diesen Ausnahmen abgesehen, in dieser Zeit *Mahagoni* das dominierende Möbelholz. Man verwendete es anfangs massiv für Stühle und Tische, später dann (ab 1750) als Furnierholz auf Kastenmöbeln.

Mahagoni wurde zunächst von den Spanisch-Westindischen Inseln Puerto Rico und Santo Domingo importiert (das sogenannte ›spanische Mahagoni‹); es ist sehr hart, dunkelfarbig, feinkörnig und ohne besondere Maserung. Ab 1750 gab man dem kubanischen Mahagoni den Vorzug. Es ist rötlicher und hat eine ausgeprägte Zeichnung. Dieses Holz mit kleinen Wirbeln in der Maserung und nicht ganz ebenmäßiger Struktur wurde vornehmlich als Furnier verarbeitet. Im späten 18. Jahrhundert trat auch Honduras in das Importgeschäft mit ein. Dieses Mahagoni ist leichter und von geringerer Qualität als die kubanische Ware; man verwendete es entweder massiv oder für weniger kostbare Stücke. Man kann fast sagen bis ca. 1770 hatte Mahagoni das Monopol für elegante Möbel gepachtet. Obgleich Mahagoni im späten 18. und 19. Jahrhundert Zeiten hatte, in denen es weniger gebräuchlich war, nahm es durchgehend bis zum Ersten Weltkrieg eine überragende Bedeutung ein. Heute wird dieses schöne Holz weitgehend aus Afrika (Sapele, Utile) importiert; es unterscheidet sich jedoch wesentlich von dem alten, südamerikanischen Mahagoni.

›Age of Mahagony‹

1770–1830

Mit dem wiedererwachenden Interesse für Marketerie brauchte man einen leichteren Holzkern. Als Furnier war *Satinholz* sehr geeignet. Die ersten Importe kamen von den Westindischen Inseln; nach 1780 wurden auch ostindische Hölzer eingeführt. Letztere waren jedoch von geringerer Qualität; auch zeigt sich hier keine so feine Körnung wie bei dem polierten westindischen Holz. Satinholz wurde fast ausschließlich zu Furnier verarbeitet. Das frisch geschnittene Holz hat eine helle, goldgelbe Tönung, die mit der Zeit nachdunkelt. Schließlich nimmt es jenen warmen Honigton an, der für Möbel aus dieser Zeit so charakteristisch ist. Um 1800 kam Satinholz etwas aus der Mode; in der zweiten Hälfte des 19. Jahrhunderts wurde es, entsprechend dem neu erwachenden Interesse an der Möbelkunst des späten 18. Jahrhunderts, wiederentdeckt.

Modehölzer Im späten 18. Jahrhundert kam brasilianisches *Palisanderholz* für Marketerien und Bandintarsien in Gebrauch. Ab 1800 entwickelte es sich zu einer ernsthaften Konkurrenz für Mahagoni. Das Hauptmerkmal dieses Holzes ist seine gelblich-dunkelbraune Tönung und eine schwarze Streifenzeichnung. Es wurde vor allem während des Regency verwendet, als man dunkle schimmernde Hölzer bevorzugte. Auch in den ersten drei Jahrzehnten der viktorianischen Periode kam Palisander noch recht häufig vor.

In der Regency-Periode wurden, allerdings in geringer Menge, elegante Möbel mit seltenen Hölzern von ausgeprägter Maserung furniert. Das helle *Amboyna* mit seiner attraktiven Stockmaserzeichnung beispielsweise stammte aus Indonesien. *Coromandelholz* aus Indien und Ceylon und *Zebraholz* aus Brasilien dagegen zeigen eine charakteristische, helldunkle Streifenzeichnung. Dies sind typische Regency-Hölzer; außerhalb dieser Zeit wurden sie kaum verwendet.

Durch die spät-georgianische Vorliebe für bemalte, lackierte und in Ebenholzton gebeizte Stühle kam dem *Buchenholz* eine ganz neue Bedeutung im Möbelbau zu. Das gesamte 18. Jahrhundert hindurch wurden in ländlichen Gegenden Stühle in imitiertem georgianischem Stil aus Buche hergestellt.

1830–1870

Mahagoni und *Palisander* gehörten auch in der frühviktorianischen Zeit zu den favorisierten Hölzern. Doch auch das *Nußbaumholz* erlebte eine Renaissance. Um 1850 wurde es häufig verarbeitet; massiv für Stühle; als Furnier auf Kastenmöbeln und Tischplatten. Dieses Holz ist vor allem wesentlich besser geeignet für Marketerien als Mahagoni und Palisander, und zu jener Zeit entdeckte man ja gerade wieder einmal seine Vorliebe für diese Dekorationsweise. Die gotisierenden Möbel der sechziger Jahre des 19. Jahrhunderts waren stilgerecht aus *Eiche.* Daneben fand man auch wieder Gefallen am *Buchenholz,* da es sich so elegant auf Ebenholzton beizen ließ. Die von *William Morris* vorangetriebene *Arts-and-Crafts-Bewegung* (Kunsthandwerksbewegung) propagierte unterdessen die Verwendung von einheimischen Hölzern.

Hölzer in viktorianischer Zeit

Die Vielfalt der viktorianischen Stilarten spiegelt sich ganz deutlich in der breiten Skala der verarbeiteten Möbelhölzer wider. Die wachsende Macht Englands als Handelsnation zeigt sich in den zunehmenden Importen von Hölzern aus Amerika und Ostasien. Billigere massive Möbel für Bedienstete und Bauern und das Kernholz eleganterer Stücke wurden fast ausnahmslos aus nordamerikanischer *Fichte* angefertigt. Um die Mitte des 19. Jahrhunderts hatte diese gelbe Kiefernart das rötliche und das weiße Fichtenholz aus dem Baltikum fast völlig verdrängt.

7. Bedeutende Möbelentwerfer und Kunsttischler

Die folgende Übersicht faßt nur eine kleine Zahl bekannter Möbelhersteller und Designer zusammen. Wer sich umfassender über Londoner Kunsttischler aus der Zeit von 1660 bis 1840 informieren möchte, der möge das Werk von Sir Ambrose Heal, ›The London Furniture Makers‹ (1953), zur Hand nehmen. Die Informationen, die hier gegeben werden, sind knapp und präzise. Weitere Einzelheiten über die wichtigeren Designer sowie Abbildungen ihrer Werke findet man in der 3. Ausgabe des Buches ›Georgian Cabinet Maker's‹ (1955) von Ralph Edwards und Margaret Jourdain. Informationen über die viktorianische Zeit liegen weniger umfassend vor, jedoch erweist sich das Verzeichnis in dem Buch ›19th Century English Furniture‹ (1962) von Elizabeth Aslin als nützlich. Ständig gibt es neue Erkenntnisse. Über die jüngsten Entdeckungen wird oft in englischen Kunstzeitschriften wie ›Apollo‹, dem ›Burlington Magazine‹, dem ›Connoisseur‹ und der ›Furniture History‹ berichtet. Jedoch fehlt es leider an adäquater Literatur über provinzielle Möbelhersteller.

Es ist kaum anzunehmen, daß man jemals alle Künstler und Handwerker, die in England Möbel hergestellt haben, als Persönlichkeiten fassen kann. Nur selten wurden Stücke mit einem Namenszug versehen und nur wenige Möbel tragen ein Etikett als Markenzeichen (das zumeist in die Schubladen eingeklebt wurde), einige Möbelschreiner stempelten ihren Namen auch in das Holz ein. Aber bei vielen viktorianischen Stücken dürfte es sich dabei wohl mehr um die Namen der Händler als um die der Künstler handeln. Wenn keine anderen Quellen zu Verfügung stehen, so sind oftmals lokale Adreßbücher, die man in den meisten großen öffentlichen Bibliotheken findet, aufschlußreich. Mit ihrer Hilfe kann man die ungefähre

Schaffenszeit von Möbelschreinern aus dem 18. Jahrhundert ermitteln.

Einzig in Häusern, wo man Rechnungen und Originalmöbel zusammen aufbewahrt, ist der Hersteller mit Sicherheit ausfindig zu machen. Nicht einmal Thomas Chippendale und die meisten führenden Kunsttischler signierten ihre Stücke. Deshalb sind die erhaltengebliebenen Rechnungen oft die einzige Möglichkeit für eine einwandfreie Identifizierung.

Adam, Robert (1728–92)

Ein berühmter Architekt und Entwerfer, der nicht nur Gebäude, sondern auch Interieurs im neoklassischen Stil entwarf. Er spielte eine überragende Rolle bei der Verbreitung dieser Stilrichtung in England. Er war der jüngere Sohn von William Adam, einem bedeutenden Architekten aus Edinburgh. Während einer großen Italienreise (1754–58) sah er auch die Ruinen von Herculaneum, die kurz zuvor freigelegt worden waren.

Zu seinen wichtigsten Arbeiten zählen die Entwürfe für das Osterley-, Isleworth- und Syon-House in Brentford in Middlesex, für die Kendleston Hall in Derbyshire, für Kennwood in Highgate in London sowie für die Nostell Priory und die Newby Hall in Yorkshire. Bei vielen dieser Häuser entwarf er auch die Möbel für die Prunkräume, hauptsächlich solche Stücke, die zur Harmonie der Gesamtgestaltung wesentlich beitrugen und im Einklang mit der Wandgestaltung standen.

Viele der Originalzeichnungen von Robert Adam sind erhalten geblieben, die meisten befinden sich im Soane Museum in London. Einige der Entwürfe wurden in dem Sammelwerk ›Works in Architecture‹ veröffentlicht, das von 1773 an von Robert und James Adam herausgegeben wurde.

Bullock, George

Ein wichtiger Kunsttischler der Regency-Ära. Um 1813 zog er von Liverpool nach London. Eine Anzahl seiner Entwürfe erschien in ›Ackermann's Repository of Arts‹. Er war berühmt für seine Einlegearbeiten aus Metall.

Burges, William (1827–81)

Ein bekannter Architekt und Entwerfer in der viktorianischen Epoche. Er beschäftigte sich besonders mit den Möbeln und der Kunst des Mittelalters und entwarf eine Reihe pseudomittelalterlicher Möbelstücke mit ebensolcher Bemalung, die er auf der Internationalen Ausstellung 1862 zeigte. Einige Möbel stehen in Zusammenhang mit Entwürfen für Gebäude, für die er auch als Architekt verantwortlich zeichnete, darunter für das Schloß Coch des Marquis of Bute's in der Nähe von Cardiff.

Channon, John (1711–83?)

Ein Kunstschreiner, der für die Verwendung vergoldeter Metallbeschläge bekannt war. Bevor er sich 1737 in der St. Martin's Lane in London niederließ, arbeitete er in Exeter. Zwei Bücherschränke aus Mahagoni im Powderham Castle in Devon stammen aus seiner Werkstatt und werden in das Jahr 1740 datiert. Andere Möbelstükke mit Messingeinlagen, darunter ein Schrank im Victoria und Albert Museum, werden diesem Meister zugeschrieben, der möglicherweise mit dem deutschen Kunsthandwerker Abraham Roentgen zusammengearbeitet hat. Roentgen hat während dieser Zeit in London gearbeitet und wandte ähnliche Techniken an.

Chippendale, Thomas (1718–79)

Ein Kunstschreiner und Entwerfer, der in Otley in Yorkshire geboren wurde. Er eröffnete 1749 in London sein eigenes Unternehmen. 1753 zog er in die St. Martin's Lane 60 um, dort führte er die Firma bis zu seinem Tod 1779. Sein Ruhm geht zu einem großen Teil auf das Buch ›The Gentleman and Cabinet-Maker's Director‹ (1754, 2. Auflage 1755, 3. Auflage 1762) zurück, das erste englische Musterbuch, das sich ausschließlich mit dem Entwurf von Möbeln beschäftigte. Die Abbildungen zeigen eine breite Palette von Möbeln im Rokokostil, wie sie zu jener Zeit beliebt waren. Die

▶

VII Weinkühler, Mahagoni mit Einlagen aus verschiedenen Hölzern, ca. 1790. (Dry von Zezschwitz, München)

besten Möbel, die Chippendale in den Jahren ab 1760 entwarf, zeigen einen neoklassischen Stil, eine Richtung, die in England viel dem Einfluß von *Robert Adam* verdankte. Chippendale-Möbel mit dem Originaletikett kann man in Yorkshire in der Nostell Priorei, in Harewood House, Gurton Constable und in der Newby Hall sehen, in Kent im Mershamle-Hatch, in Ayrshire im Dumfries House sowie in Berwickshire im Praxton House.

Chippendale, Thomas jr. (1749–1822)

Kunstschreiner, der älteste Sohn von Thomas Chippendale. 1779 nahme er den Platz des Vaters ein und wurde der Partner von Thomas Haig in der St. Martin's Lane 60 in London. Als sich Haig 1796 aus dem Unternehmen zurückzog, führte er die Geschäfte in eigenem Namen weiter. Zwischen 1795 und 1820 lieferte er Möbel an Sir Richard Colt Hoare in Stourhead in Wiltshire. Lord Townshend auf Rainham in Norfolk zahlte ihm 1819 für ›geleistete Arbeit‹ 1200 Pfund. Die Möbel von Stourhead befinden sich noch heute im selben Gebäude und spiegeln den herrschenden Zeitgeschmack des Regency wider.

Cobb, John (um 1778)

Kunsttischler aus London, der zwischen 1750 und 1765 als Partner von *William Vile* in der St. Martin's Lane 72 arbeitete. Danach hat er sich wahrscheinlich selbständig gemacht. Sein Name wird vor allem mit den vorzüglichen Marketeriekommoden im französischen Stil in Verbindung gebracht, von denen er eine für Paul Methuen in Corsham Court in Wiltshire angefertigt hat.

Crace, J. G. & Sons

Bedeutende Kunstschreiner der viktorianischen Zeit. Von 1847 bis 1851 stellten sie Möbel nach den Entwürfen von *A. W. N. Pugin* in gotisierendem Stil her. Sie lieferten Möbel für das englische Parlament.

Gillow & Co

Gewiß die älteste noch heute bestehende Möbelfirma Großbritanniens. Die Gründungsgeschichte kann bis auf Robert Gillow zurückverfolgt werden, der 1728 ein freier, mit allen Rechten ausgestatteter Bürger von Lancaster geworden war. Über Lancaster, damals einem ziemlich bedeutenden Hafen, wurde hauptsächlich Nutz- und Möbelholz aus Amerika eingeführt. Dadurch wurde die Stadt zum Hauptsitz dieser Firma. Zusätzliche Ausstellungsräume wurden 1769 in der Oxford Street 176 in London eröffnet. Gillow war einer der ersten Möbelschreiner, der seine Erzeugnisse konsequent mit dem Herstellernamen bezeichnete. Es handelte sich dabei in der Regel um einen Stempel mit dem Schriftzug ›Gillows‹ oder ›Gillows Lancaster‹. In den Jahren nach 1790 wurden Möbel von Gillow nur mehr gelegentlich signiert, nach 1820 aber wurde eine Kennzeichnung zur Regel. Eine Reihe von Geschäftsbüchern, die heute in der Stadtbücherei von Westminster stehen, geben Auskunft über die übernommenen Aufträge. Das Unternehmen stand während des ganzen 19. Jahrhunderts in Blüte, und noch heute lebt der Name in dem Möbelhandelsgeschäft Waring & Gillow fort.

Godwin, E. W. (1833–86)

Architekt und Möbelentwerfer. Er war stark von der japanischen Kunst inspiriert, die in den Jahren nach 1860 in Europa wieder in Mode gekommen war. Besonders bekannt wurde er wegen seiner Entwürfe für Möbel aus schwarzgebeiztem Holz, die von dem Kunsttischler William Watt aus der Grafton Street in London gefertigt wurden. Auch für andere Firmen machte er Entwürfe, so für Collinson & Lock, *Gillow* und W. &. A. Smee. Seine Arbeiten stellen einen bedeutenden Schritt auf dem Weg zu einem modernen, funktionellen Design dar.

Goodison, Benjamin (gest. 1767)

Einer der bedeutendsten Möbelschreiner in der ersten Hälfte des 18. Jahrhunderts. Seine Werkstatt befand sich in London. Er belieferte das Königshaus und andere vornehme Auftraggeber wie Lord Folkestone und den Earl of Leicester. Man nimmt an, daß er mit *William Kent* zusammengearbeitet hat, dem führenden Architekten jener Zeit.

Grendey, Giles (1693—1780)

Ein Möbelschreiner vom St. John's Square in Clerkenwell. Wie *Gillow* hat er sowohl einen bemerkenswerten Exporthandel betrieben als auch Herrschaftshäuser in England beliefert. Im Jahre 1766 wurde er zum Meister der Tischler-Zunft gewählt. Einige seiner Möbelstücke tragen ein eingeklebtes Etikett aus Papier und zeigen auf diese Weise, daß sie aus seiner Produktion stammen. Andere Hersteller kennzeichneten ihre Arbeiten auf die gleiche Art. Trotzdem ist die Identifizierung englischer Möbel eher eine Ausnahme als die Regel.

Gumley, John (gest. 1729)

Kunsttischler und Spiegelfabrikant aus London. Er wurde erstmals im Jahre 1694 erwähnt, neun Jahre später besaß er eigene Glashütten in Lambeth. In den Jahren 1714 bis 1725 ist sein Name zusammen mit dem John Moores in den königlichen Geschäftsbüchern aufgeführt. Ein Spiegelrahmen mit seinem Namenszug befindet sich in Hampton Court in Middlesex. Ein anderer Spiegel aus seiner Werkstatt wird in Chatsworth in Derbyshire aufbewahrt.

Hallett, William (1701-81)

Ein Möbelschreiner, dessen Geschäftsräume zuerst in der Newport Street und später dann (von 1753 an) in der St. Martins's Lane in London lagen. Er stellte Möbel für den Earl of Leicester (1737), Lord Folkestone (1737—40), den Earl of Cardigan (1745) und Horace Walpole (1755) her. Seine Geschäfte blühten, und 1745 kaufte er vom Herzog von Chandos den Landsitz Canons in Whitchurch in Middlesex.

Hepplewhite, George (gest. 1786)

Trotz der Popularität des Namens Hepplewhite ist wenig über den Meister selbst bekannt. Man sagt, daß er bei *Gillow* in die Lehre gegangen war, aber nichts deutet auf die Richtigkeit dieser Annahme hin. 1760 ließ er sich in London nieder, aber auch hier kann man nicht mit Sicherheit sagen, daß er in dieser Zeit Möbel herstellte. Keines der Stücke ist mit seinem Namen gezeichnet, auch taucht er nicht in den bis heute erhaltenen Geschäftsbüchern oder Papieren auf, die Aufschluß über Möbellieferungen geben. Deshalb nimmt man an, daß sich Hepplewhite ausschließlich mit dem Entwurf von Möbeln, besonders von Stühlen beschäftigt hat. Nach seinem Tod im Jahre 1786 führte seine Witwe Alice das Geschäft weiter. Zwei Jahre später veröffentlichte sie die Entwürfe ihres Mannes unter dem Titel ›The Cabinet-Maker and Upholsterer's Guide‹. Die zweite Auflage folgte im Jahre 1789 und die dritte (nochmals durchgesehen und mit Entwürfen ergänzt) kam 1794 heraus. Das Buch von Hepplewhite mit seinen beinahe 300 Skizzen war die größte und umfassendste Veröffentlichung auf diesem Gebiet seit dem ›Director‹ von Chippendale. Es zeigte deutlich, wie stark Adam und sein Klassizismus auf die kommerzielle Möbelherstellung Einfluß genommen hatten.

Holland & Co

Eine der führenden Möbelfirmen der viktorianischen Zeit. Sie lieferte Mobiliar für die königliche Familie; darunter fanden sich viele Stücke für das Osborne House auf der Insel Wight. Andere Kunden waren der Herzog von Wellington und Sir Robert Peel. Auch die Regierung erteilte zahlreiche Aufträge. Zum erstenmal erscheint die Firma um 1815 im Londoner Adreßbuch als Taprell & Holland. 1843 wurde die Geschäftsbezeichnung in Holland & Sons geändert. 1852 hat wohl eine Fusion mit der Firma Thomas Dowbiggin & Co. stattgefunden. Auch Dowbiggin war ein renommierter Möbelhersteller. Von jenem Jahr an konnte man Holland unter der Londoner Anschrift: Mount Street 23, Grosvenor Square, finden, einer Anschrift, unter der seit 1825 auch Dowbiggin firmierte. Holland stellte 1942 die Produktion ein.

Holland, Henry (1745–1806)

Bedeutender Architekt des Neoklassizismus. Er arbeitete sowohl für den Prinzen von Wales, für den er das Carlton House und den ersten königlichen Pavillon in Brighton entwarf als auch für andere fürstliche Auftraggeber. Französische Einflüsse aus der Architektur und der Inneneinrichtung bestimmten seine Arbeiten, in besonderem Maße seine Möbel. Seine Entwürfe waren von starker Wirkung auf das Möbel-Design der frühen Regency-Ära. Am besten kann man seinen Stil in Southill in Bedforshire studieren, dem Besitz des Bierbrauers Samuel Whithbread, den er 1796 zu renovieren begann.

Hope, Thomas (1769–1831)

Kunstkenner und Sammler sowie Amateurdesigner. Er entwarf für sein Haus in der Londoner Duchess Street eine Anzahl Möbel, die sich an klassischen Vorbildern orientierten, wobei er auf römische, griechische und ägyptische Formen und Motive zurückgriff. Die Einrichtung sollte mit der Sammlung antiker Kunstwerke, die in den Räumen zur Schau gestellt war, harmonisieren. Seine Möbel wurden in dem Buch ›Household Furniture and Interior Decoration‹ (1807) abgebildet. Ihr Einfluß auf das Möbeldesign in den ersten beiden Jahrzehnten des 19. Jahrhunderts war bedeutsam.

Ince, William and Mayhew, John

Sie gründeten eine Möbelschreinerei, die in der später georgianischen Periode großes Ansehen genoß. Von 1759 an gaben sie in Teilen ein Buch mit Entwürfen heraus, das 1762 in einer Sammelausgabe unter dem Titel ›The Universal System of Household Furniture‹ erschien; es war der größte Konkurrent des ›Director‹ von Chippendale. Während sie zur Zeit der Veröffentlichung dieses Werkes in der Broad Street am Carnaby Market in London ansässig waren, zogen sie 1779 in die Marshall Street, ebenfalls am Carnaby Market.
Das Unternehmen bestand bis etwa 1810.

Jensen, Gerreit (tätig etwa von 1680 bis 1715)

Ein für den Hof arbeitender Kunsttischler aus der Zeit von Charles II. bis zur Herrschaft von Queen Anne. Sein Name erscheint auch in den Protokollen von Chatsworth in Derbyshire. Einige seiner Möbel zeigen Metalleinlegearbeiten. Diese neue Technik wurde von André Charles Boulle, einem Möbelschreiner des französischen Königs Ludwig XIV., eingeführt. Jensen fertigte und verkaufte auch Spiegel.

Johnson, Thomas (1714–78)

Er schnitzte und entwarf Kleinmöbel im Rokokostil. In London arbeitete er von verschiedenen Adressen aus. 1755 begann er Entwürfe für Spiegel, Girandolen, Wandtischchen und Kaminsimse zu veröffentlichen. In Buchform kamen seine gesammelten Zeichnungen unter den Titeln ›One Hundred and Fifty New Designs‹ (1758 und 1761) und ›A new Book of Ornament‹ (1760) heraus.

Kent, William (1686–1748)

Der führende Architekt der frühen georgianischen Zeit. Für die Einrichtung der von ihm konzipierten Häuser entwarf er auch eine Anzahl von Möbeln. Einige davon wurden 1744 von seinem Schüler John Vardy unter dem Titel ›Some Designs of Mr. Inigo Jones and Mr. Wm. Kent‹ (1744) veröffentlicht. Die Möbel, die er für die Prunkzimmer großer Häuser – wie die Holkham Hall in Norfolk – entwarf, zeigen stark ins Auge fallendes Schnitzwerk. Dazu wurde er von den italienischen Barockmöbeln inspiriert, die er während eines Italienaufenthaltes (1710–19) gesehen hatte.

Le Gaigneur, Louis

Französischer Kunsttischler. Während der Regency-Periode hatte er ein Geschäft in der Queen Street 19, Edgware Road in London. Seine Spezialität waren Möbel mit Einlegearbeiten aus Messing und Schildpatt. Es ist überliefert, daß er für den Prince of Wales und dessen Sitz Carlton House Möbel herstellte.

Linnell, John (gest. 1796)

Ein bedeutender Entwerfer und Möbeltischler, der am Berkeley Square 28 in London ansässig war. Eine große Zahl seiner Entwürfe wurde nach seinem Tod von *C. H. Tatham* gesammelt. Heute werden sie im Victoria und Albert Museum aufbewahrt. Sie legen Zeugnis von der Bedeutung seiner Auftraggeber ab. Linell stattete viele Häuser, für die *Adam* die architektonischen Entwürfe gemacht hatte, mit Möbeln aus. Darunter sind Kedleston in Derbyshire, Shardeloes in Buckinghamshire, Croome Court in Worcestershire und Osterley in Middlesex. John's Vater William Linnell war bis zu seinem Tod im Jahre 1763 unter derselben Adresse tätig.

Lock, Mathias

Schnitzer und Entwerfer. Seine publizierten Entwürfe zeigen den zunehmenden Einfluß des Rokokos auf die englische Möbelkunst. ›A New Drawing Book of Ornaments‹ (1740) war sein erstes Werk, dem in den Jahren danach weitere Veröffentlichungen von Entwürfen für Leuchter und Tische folgten. Sein ›New Book of Ornament‹ (1752) zeigt, daß er zu diesem Zeitpunkt – zwei Jahre vor dem Erscheinen des ›Director‹ von Chippendale – den Rokokostil vollkommen beherrschte. Danach gab er bis 1768 nichts mehr heraus. Dieses Schweigen schürte die Theorie, Lock hätte in dieser Zeit für Chippendale Entwürfe gezeichnet, die anschließend auch in den ›Director‹ aufgenommen worden wären. Heute ist man anderer Ansicht. Viele seiner unveröffentlichten Zeichnungen, die die Lücke zwischen 1740 und 1765 schließen, bewahrt das Victoria und Albert Museum auf. Sie stehen ohne Zweifel in Zusammenhang mit seiner Tätigkeit als Schnitzer, während seines Schaffens in Nottingham Court in der Castle Street in London. 1752 hörte er dort auf und war von da an in der Tottenham Court Road tätig.

Loudon, John Claudius (1783–1843)

Ein Architekt und Landschaftsgestalter, der sich auch als Schriftsteller hervortat. Sein bedeutendstes Werk, soweit es das Möbeldesign betrifft, ist die ›Encyclopaedia of Cottage, Farm & Villa Architecture & Furniture‹ (1833 und folgende Ausgaben). Der Text stammt von Loudon, aber die meisten abgebildeten Möbelstücke stammen aus dem Bestand von W. F. Dalziel, einem Möbeltischler aus der Great James Street in London. Loudons Werk gibt einen wertvollen Einblick in das Möbeldesign kurz vor dem Regierungsantritt von Königin Victoria. Die Skala der von ihm aufgeführten Möbel ist breit gefächert. Es finden sich bei ihm ebenso vornehme und elegante Stücke wie auch einfache Landhausmöbel.

Manwaring, Robert

Wenig ist über diesen Möbelschreiner, der seine Geschäftsräume am Haymarket in London hatte, bekannt, außer, daß er 1765 ›The Cabinet and Chair Maker's Real Friend and Companion‹ veröffentlichte, dem ein Jahr später der ›Chairmaker's Guide‹ folgte. Nicht alle darin abgebildeten Entwürfe stammen allerdings von ihm selbst. Obwohl das zeichnerische Talent Manwarings nicht besonders groß war, entbehren seine Skizzen doch nicht einer ausgeprägten Originalität.

Marot, Daniel

Architekt und Designer hugenottischer Abstammung. Nachdem er in Frankreich bei Le Pautre und in der Werkstatt von André Charles Boulle die Kunst des Entwerfens und Gestaltens studiert hatte, ging er nach Holland. Dort trat er in die Dienste von Wilhelm von Oranien. Nachdem Wilhelm 1688 König von England geworden war, übernahm Marot englische Aufträge, er war unter anderem auch für Hampton Court tätig. Seine gesammelten Entwürfe, die den Geschmack des französischen Hofes unter Ludwig XIV. widerspiegeln, wurden 1702 veröffentlicht. Auch englische Möbel jener Zeit zeigen den Einfluß von Marot. Ein gutes Beispiel dafür ist das Melville-Bett im Victoria und Albert Museum.

Moore, James (gest. 1726)

Königlicher Möbelschreiner, der mit John *Gumley* zusammenarbeitete. Der früheste Hinweis auf ihn datiert aus dem Jahr 1708, als er für den Herzog von Montagu arbeitete. In Hampton Court Palace befinden sich Tische und Gueridons, die mit seinem Namen signiert sind. Er scheint sich auf vergoldete Möbel spezialisiert zu haben, besonders auf Tische, Untergestelle und Truhen, die er mit verschlungenem und erhabenem Rollwerk, besonders um die Wappen-Kartuschen seiner Auftraggeber herum, schmückte.

Morris, William (1834–96)

Ein bedeutender Entwerfer, Dichter und in seinen Ansichten radikaler Geist der viktorianischen Zeit. 1861 gründete er die Firma

Morris, Marshall Faulkner & Co., mit dem Ziel, ›in rein handwerklicher Arbeit und ohne kostspieligen Aufwand‹ Kunsthandwerk zu produzieren. Mit diesen Erzeugnissen wollte Morris eine Alternative zu der minderwertigen Massenware, die damals überall hergestellt wurde, schaffen. Morris selbst hatte mit dem Möbeldesign nur wenig zu tun.

Seine Firma stellte ebenso kostbare Repräsentationsmöbel nach den Wünschen von Auftraggebern her als auch eine ganze Reihe von preiswerten, soliden Schreiner- und Landhausmöbeln. Anfangs war Ford Madox Brown der Chefdesigner, während der Architekt Philip Webb für den Entwurf der meisten kostbaren Stücke verantwortlich zeichnete. Die beliebtesten Modelle für den allgemeinen Verkauf waren wohl der *Sussex-Stuhl* mit seinem Sitz aus Rohrgeflecht und ein verstellbarer gepolsterter Armsessel.

Die Firma bestand bis 1940 und signierte ungefähr von 1890 an ihre Möbel.

Pelletier, John

Ein Franzose, der etwa von 1690 bis 1710 in England tätig war. Als einer der ersten scheint er sich in England auf geschnitzte und vergoldete Möbel spezialisiert zu haben. Er war an der Ausgestaltung von Hampton Court beteiligt. Dort kann man noch heute zwei von ihm angefertigte Paare von Gueridons sehen.

Pugin, A. W. N. (1812–52)

Architekt und Entwerfer, der sich besonders dem gotischen Stil verbunden fühlte. Sein Vater, August Charles Pugin, arbeitete als Architekturassistent bei John Nash und zeichnete Möbelentwürfe nach gotischem Vorbild. Sie wurden 1829 unter dem Titel ›Gothic Furniture‹ veröffentlicht. Die Skizzen gotischer Möbel von A. W. N. Pugin unterscheiden sich jedoch grundsätzlich von denen seines Vaters, der gotische Stilelemente einzig und allein zur Verzierung konventioneller Möbel aus dem späten Regency heranzog. A. W. N. Pugin versuchte, den Geist der Gotik wieder von innen heraus neu zu beleben, indem er die mittelalterlichen Formen und das Handwerkertum wiedererweckte. Sein Werk hatte einen starken Einfluß auf die Rezeption der Gotik während der viktorianischen Zeit.

Seddon, George (1727–1801)

Einer der bedeutendsten Kunsttischler Londons in der zweiten Hälfte des 18. Jahrhunderts. Um 1750 hatte er wohl seine Werkstätten in der Aldersgate Street eingerichtet. Eine Beschreibung des breiten Angebots vornehmer Möbel, die bei ihm zum Verkauf standen, gibt die deutsche Romanschriftstellerin Sophie von la Roche, die in ihrem Tagebuch von einem Besuch in seinen Werkstätten im Jahre 1786 berichtet. Von 1779 an lieferte Seddon Möbel für das Somerset House. Nach dem Tod von George Seddon führten seine Söhne das Geschäft weiter, und es erfreute sich bis weit in die Regierungszeit Königin Victorias hinein großen Ansehens. Für 200000 Pfund stattete die Firma in den Jahren von 1826 bis 1830 Windsor Castle mit Möbeln aus. Zwischen 1860 und 1880 gingen viele Arbeiten im gotischen Stil an zahlreiche verschiedene Auftraggeber aus der Aristokratie.

Shearer, Thomas

Von Shearer stammen siebzehn der zwanzig Bild-Tafeln in ›The Cabinet-Makers London Book of Prices‹ (1788). Dieses Buch sollte Meistern und Gesellen eine Hilfe für die Festsetzung von Preisen bei der Möbelherstellung sein und wurde mit Veränderungen und Ergänzungen (auch unter verschiedenen Titeln) bis 1866 herausgegeben. Shearers Zeichnungen geben einen Überblick über das Angebot des Londoner Möbelhandels in den Jahren nach 1780, das grob mit der Bezeichnung ›Hepplewhite‹ umschrieben wird. Sie sind sehr detailliert und auch die zeichnerische Qualität ist von hohem Rang. Über Shearer selbst ist wenig bekannt, aber man nimmt an, daß er Geselle bei einem erstrangigen Londoner Tischlermeister war.

Sheraton, Thomas (1751–1806)

Möbelentwerfer und Zeichenlehrer, der seine Möbelschöpfungen in ›The Cabinet Maker's and Upholsterer's Drawing Book‹ (1791–1794, 2. Ausgabe 1794, 3. Ausgabe 1802), in ›The Cabinet Dictionary‹ (1803) und in ›The Cabinet-Maker, Upholsterer and General Artist's Encyclopaedia‹ (1805), von denen das erste Buch das bei weitem bedeutendste ist, veröffentlichte. 1790 zog Sheraton nach London. Davor hatte er hauptsächlich in der Gegend um Stockton gelebt und als Baptistenprediger gewirkt. Wahrscheinlich hatte er das Tischlerhandwerk erlernt, wenn es auch keinen Beweis dafür gibt, daß er dieses Gewerbe auch in London betrieb. Vielmehr scheint er dort ein schweres Leben als Bücherschreiber, Entwerfer und Zeichenlehrer geführt zu haben.

Smith, George

Bedeutender Entwerfer der Regencyzeit. Unter dem Titel ›A Collection of Designs for Household Furniture and Interior Design‹ veröffentlichte er 1808 eine der umfassendsten Sammlungen von Möbelentwürfen jener Periode. Dieses Buch gibt sowohl über den Einfluß von *Thomas Hope* und die antiken Quellen in seinem Werk als auch über andere Stilrichtungen – wie die gotische und chinesische – Aufschluß. Smith nennt sich selbst einen ›ausserge-wöhnlichen Polsterer seiner Königlichen Hoheit, des Prinzen von Wales‹, aber nichts deutet darauf hin, daß er mit der königlichen Familie wirklich in Geschäftsverbindung stand. Es hat sogar den Anschein, daß er das Geschäft der Polsterei gar nicht in eigenem Namen führte. Eine weitere Sammlung von Möbelentwürfen aus der späten Epoche des Regency kam 1828 unter dem Titel ›The Cabinet-Maker and Upholsterer's Guide‹ heraus.

Tatham, Charles Heathcote (1771–1842)

Assistent im Architektenbüro von *Henry Holland*. Man hatte ihn zum Studium klassischer Architektur und Kunst nach Rom ge-schickt, was dann in den von Holland in Auftrag gegebenen Entwürfen seinen Niederschlag fand. 1799 veröffentlichte Tatham das Buch ›Etchings Representing the Best Examples of Ancient Ornamental Architecture‹, das sich während der Regencyzeit nicht nur für Möbeldesigner als eine wertvolle Fundgrube erwies. Neuauf-lagen kamen 1803, 1810, 1826 und 1843 heraus. Sein Bruder Thomas Tatham war der Chef der Londoner Tischlerfirma Marsh & Tatham in der Mount Street, die sehr viele Möbelstücke für den königlichen Pavillon in Brighton lieferte.

Vile, William (gest. 1767)

Königlicher Kunsttischler mit einem Geschäft in der St. Martin's Lane in London. Er lieferte Möbel für George, Prince of Wales, der ihm die Gönnerschaft auch nach 1760 nicht versagte, als er den Thron als George III. bestiegen hatte. Echte Möbel von William Vile zeichnen sich durch ihre Qualität und vor allem durch das hohe Niveau der Schnitzereien aus. Von etwa 1750 an bis zu seinem Tod im Jahre 1767 führte er einen ausgedehnten Handel. In der späteren Zeit arbeitete er mit *John Cobb* zusammen.

8. Tips für den Kauf antiker Möbel

Das Interesse für englische Möbel wächst zunehmend. Ein qualität-volles englisches Möbel wird seinem Besitzer nicht nur bleibende Freude bereiten, sondern auch, wenn es entsprechend gepflegt wird, ein ständig wachsendes Wertobjekt darstellen.

Englische Möbel als Kapitalanlage

Besonderen Anspruch stellt ohne Zweifel ein Raum, der einheitlich mit Möbeln aus der gleichen Stilperiode möbliert ist. Die Regel wird jedoch immer die Kombination von Möbeln aus verschiedenen Stil-epochen und Regionen sein.

Eiche, Buche, Rüster, Eibe, Fichte oder Obstbaumhölzer – die hei-mischen Holzsorten – wurden ihrem Charakter entsprechend in erster Linie für Möbel von bürgerlich solidem Charakter verwendet, solche Stücke sind gewöhnlich weniger kostspielig als die eleganten, vornehmen Möbel aus exotischen, zumeist importierten Hölzern. Möbel aus Mahagoni, Nußbaum, Satinholz oder Palisander aus dem 18. und 19. Jahrhundert haben den Anspruch besonderer Eleganz und eignen sich daher in erster Linie für einen solchen Rahmen.

Um sich Grundkenntnisse auf dem Antiquitätensektor anzueigen, sind Fachbücher sowie Besuche von Museen und Sammlungen, in denen antike Möbel gezeigt werden, ein guter Ansatzpunkt. Wenn einmal auf solche Weise das Interesse gefördert und das Auge ge-schult ist, wird bei jedem Liebhaber alter Möbel der Wunsch er-wachen, selbst ein antikes Stück zu besitzen. Die Qualität des zu erwerbenden Stückes hängt eng mit der Leistung des Kunsthändlers zusammen und ist in jedem Fall eine finanzielle Frage. Wie für alle Sammler gilt hier der Leitsatz: Man erwerbe das Beste, was man sich leisten kann! Lieber einige wenige ausgezeichnete Stücke als mehre-re von geringer Qualität.

Sachkenntnis und Qualität

Wertvolle Erfahrungen lassen sich durch den Kauf relativ billiger aber solider Stücke sammeln, gerade, wenn man sie zu einem späteren Zeitpunkt wieder abstoßen und durch hochrangigere Stücke ersetzen will. Dem Neuling, der glaubt er könne ein wirklich gutes Stück zu einem Gelegenheitspreis erstehen, sei warnend gesagt: Jedes echte, alte Stück hat seinen Preis, bei einem extrem niedrigen Angebot ist Vorsicht geboten! Man vergesse nie, daß der Händler sehr viel mehr von der Materie versteht als ein nach Trouvaillen suchender Laie.

Antiquitäten-
fachhandel
Eine Haupteinkaufsquelle für alte englische Möbel stellt natürlich der Antiquitätenfachhandel dar. Das Spektrum von Angebot und Qualität der Ware ist hier am breitesten. Sucht der Käufer nach einem guten Stück aus der georgianischen Zeit oder aus einer noch älteren Stilperiode, so hat er sich damit in ein Gebiet vorgewagt, das besonders kostspielig ist und besonders viele Fallen für den Nichtkenner birgt (siehe Seiten 31, 74, 114, 143). Ein solches Möbel sollte man nur von einem erfahrenen, seriösen Händler erwerben. Falls der unerfahrene Sammler nicht zufällig persönlich einen solchen Fachmann kennt, ist es ratsam, daß er im Verzeichnis der für Deutschland im Bundesverband des deutschen Kunst- und Antiquitätenhandels zusammengeschlossenen Händler nachschlägt (für England: British Antique Dealers' Association). Die Mitglieder dieser Vereinigung können die Echtheit jedes von ihnen verkauften Stückes garantieren. Außerdem werden sie auf jede eventuelle Reparatur oder Veränderung aufmerksam machen. Der Käufer wird den Preis für das Stück von wirklichem Wert bezahlen müssen. Auf die Dauer gesehen mag dies aber noch billiger sein, als wenn er
Warnung vor
Gelegenheits-
käufen
einen günstigen ›Gelegenheitskauf‹ tätigt, der sich bald als wertlos oder sogar als eine Fälschung erweist. Die Jagd nach Gelegenheitskäufen scheint ein Urinstinkt jedes Sammlers zu sein. Die meisten Läden, die, der steigenden Nachfrage nach englischen Möbeln entsprechend, überall eröffnet werden und die mit Anzeigen um Kunden werben, haben zumeist nur Möbel viktorianischen oder noch späteren Ursprungs, einige provinzielle Stücke und Reproduktionen. Ein wertvolles Möbel hat auch dort seinen Preis, da wird es bei einem solchen Händler, der immer mit Kollegen und Konkurrenten in Verbindung steht, schon bevor der Sammler dazukommt, an eine solche Adresse verkauft. Die Preise, die in den kleinen Antiquitätenläden verlangt werden, sind oft niedriger als die in den Spezialgeschäften. Allerdings ist hier auch das Risiko größer. Denn ein

Händler, der kein Spezialist für englische Möbel ist, kann mit echten englischen Möbeln nicht so vertraut sein. Andererseits kann so ein kleines Geschäft natürlich eine wahre Fundgrube für einen erfahrenen Sammler mit beschränkten Geldmitteln darstellen. Auch mancher Zwischenhändler bietet dem etwas erfahreneren Sammler, der bereit ist, kleinere Renovierungsarbeiten selbst vorzunehmen, große Möglichkeiten. Die Geschäftsräume solcher Händler sind sicherlich nicht so elegant ausgestattet wie die von renommierten Fachgeschäften für englische Möbel. Die Trödelläden und Secondhand Shops in England selbst, die früher einmal ergiebige Jagdgründe waren, haben heute kaum noch Interessantes zu bieten, und die wenigen guten Stücke werden bestimmt nicht mehr zu Schleuderpreisen angeboten, da man inzwischen auch hier genau Bescheid weiß.

Wenn man ein ganz bestimmtes Möbel sucht, sollte man unbedingt mehrere Fachhändler aufsuchen. So hat man schließlich nicht nur eine ungleich größere Auswahl, man kann auch nützliche Preisvergleiche anstellen. Die Händler sind immer gerne bereit, einem möglichen Kunden ihr Angebot zu zeigen und Fragen zu beantworten. Der Zustand eines Möbels sollte mit den Ausschlag geben, ob man das Stück kaufen sollte oder nicht. Ein kleiner Schaden läßt sich behebeben, doch bedenke man - ein guter Restaurator weiß, was seine Arbeit wert ist. Außerdem brauchen solche selbstauszuführenden Arbeiten Zeit. Ein in seinem Korpus geschädigtes Möbel sollte daher lieber dort gelassen werden, wo es ist; es sei denn, man besitzt so viel Geschicklichkeit und Erfahrung, es selbst zu reparieren. Fehlen jedoch nur Knöpfe oder Messingbeschläge, kann man beruhigt zugreifen. Es werden heute so viele neue Beschläge nach altem Muster angeboten, daß man gewiß einen passenden Ersatz findet. *Schadhafte Stücke*

Auch den Holzwurm kann man erfolgreich bekämpfen, wenn sein Zerstörungswerk noch nicht zu weit fortgeschritten ist. Man sollte das befallene Stück jedoch so schnell wie möglich mit einem geeigneten Mittel behandeln. Vor allem Fichte, Buche und andere Weichhölzer sind für Schädlinge dieser Art anfällig.

Auch die Auktionen stellen eine gute Einkaufsquelle dar; doch muß der Laie hier besonders gute Kenntnisse besitzen. Seit der Einführung des neuen Handelsgesetzes in England machen die Auktionatoren, besonders auf dem Lande, meist nur noch sehr vage Angaben. *Auktionen*

Nur, wenn sie sich absolut sicher sind, verwenden sie Begriffe wie ›Georgian‹ oder ›Regency‹. Die Bezeichnungen ›Chippendale‹, ›Hepplewhite‹ oder ›Sheraton‹ in einem Katalog beziehen sich auf Möbel aus dem späten 18. Jahrhundert, die im Stil der angegebenen Entwerfer gehalten sind. Möbel, von denen man annimmt, daß sie Eine Reproduktion aus späterer Zeit sind, werden gewöhnlich als im ›Chippendale-Stil‹, ›im Hepplewhite-Stil‹ usw. bezeichnet. Der potentielle Käufer bleibt also oft genug sich selbst überlassen; er muß sich seine eigene Meinung bilden. Wenn man auf einer Versteigerung kaufen will, sollte man sich die angebotenen Stücke am Besichtigungstag genau anschauen. Um festzustellen, ob das Stück wirklich alt ist und in seinem Korpus intakt, scheue man sich nicht, Schubladen herauszuziehen und auch die Unterseite von Tischen und Stühlen genau zu untersuchen (siehe Seite 59 f., 7 f.). Um den Wert des gewünschten Stückes richtig einschätzen zu können, ist es eine Hilfe, wenn man schon einige Male eine Auktion besucht und die Preise vergleichbarer Möbel notiert hat, bevor man selbst mitbietet. Steht dem Interessenten wenig Zeit zur Verfügung, kann ihm der Auktionator sicher nähere Auskünfte geben. Der Auktionator kann sogar im Auftrag eines Kunden, der bei der Versteigerung nicht anwesend sein kann, ein bestimmtes Stück ersteigern.

Viele schöne Stücke erzielen auf einer Auktion etwas geringere Preise als im Antiquitätenhandel dafür verlangt würden; einige wenige gehen tatäschlich für einen Niedrigstpreis an den Mann. Aber das sind wirklich große Zufälle. Dagegen wird meist auf jeder Auktion für einige Stücke wesentlich mehr bezahlt als sie eigentlich wert sind. Das ist der Fall, wenn zwei oder mehrere Interessenten das gleiche Möbel erwerben wollen und einander immer wieder überbieten. Es ist nur allzu leicht, sich bei einer solchen Auktion in Begeisterung zu steigern und mitreißen zu lassen. Man ermittle also möglichst schon vor Beginn der Versteigerung den tatsächlichen Wert des begehrten Stückes und gehe nicht über das Limit hinaus, das man sich selbst gesetzt hat. Zu dem Preis kommt dann in Deutschland noch die Provision für den Auktionator hinzu.

Manche Antiquitätenhändler liefern die Ware im örtlichen Bereich frei Haus.

9.
Kopien, Fälschungen, Reproduktionen

Die zunehmende Nachfrage nach antiken Möbeln und der konsequente Preisanstieg machten das geschickte Fälschen von Antiquitäten zu einem einträglichen Geschäft. Es sollen an dieser Stelle deshalb eine Reihe allgemeiner Punkte angeführt werden, die beim Kauf beachtet werden sollten. Es muß jedoch darauf hingewiesen werden, daß gute Kopien und gefälschte Stücke nur sehr schwer zu erkennen sind. Man braucht dazu ein scharfes Auge und viel Erfahrung. Je besser man sich mit den Möbeln ›aus der Zeit‹ auskennt, um so geringer ist die Gefahr, eine Enttäuschung zu erleben; auch hier empfiehlt sich immer wieder ein Besuch in einem Museum oder einer Privatsammlung. Denn kein Fachbuch kann den persönlichen Augenschein ersetzen.

Kopien –
Fälschungen

Gefälschte oder veränderte Möbelstücke lassen sich in folgende Hauptgruppen einteilen:

Veränderte Stücke: echte, antike Möbel aus der Zeit, die verändert oder mit zusätzlichen Stilelementen versehen wurden, um sie als wertvollere Stücke oder als Möbel aus einer noch früheren Periode erscheinen zu lassen.

Möglichkeiten
der Veränderung

Umgebaute Stücke: Die Verwandlung eines Möbels aus der Zeit, das im Augenblick nicht so sehr gefragt ist, in eines, das zur Zeit höher im Kurs steht; also z. B. einen georgianischen Kleider- oder Wäscheschrank in einen Bücher- oder Vitrinenschrank.

Zusammengesetzte Stücke sind aus mehreren, an sich nicht zusammengehörigen Stücken zusammengesetzt. Als solche erzielen sie einen weit höheren Preis, als die einzelnen Teile getrennt. Zum Beispiel ist ein Bureau Bookcase, ein Aufsatzsekretär, mehr wert als ein einfacher Schreibschrank und ein Büchergestell.

Verkleinerte Stücke, die in ihren ursprünglichen Maßen beschnitten

225

wurden, finden heute eher einen Käufer als in ihrer originalen Größe.

Das Erkennen von Kopien

Auch das Erkennen von *Kopien* bereitet manche Schwierigkeiten. Moderne Reproduktionen sind nicht so schwer zu identifizieren. Nicht nur, daß sie einfach rundherum ›neu‹ aussehen und keinerlei Abnutzungserscheinungen zeigen; sie werden außerdem oft aus einem ganz anderen Holz gemacht, als es ›in der Zeit‹ üblich war, und das nur in einem ähnlichen Ton eingefärbt wird. Das Ergebnis ist gewöhnlich eine glänzende, unecht wirkende Oberflächenbeschaffenheit, die niemanden, der sich mit Antiquitäten etwas auskennt, ernsthaft täuschen könnte.

Kopien aus früherer Zeit sind allerdings schwerer zu erkennen. In der Zeit nach 1860 wurden mit Vorliebe die Möbel des 18. Jahrhunderts nachgebaut. Zwar zeichneten manche Firmen, so zum Beispiel Wright & Mansfield, ihre Reproduktionen; die meisten anderen Hersteller taten dem Sammler den Gefallen jedoch nicht. Solche Möbel zählen nun vom Alter her gesehen schon selbst zu den Antiquitäten und zeigen unter Umständen die gleichen ›Alterserscheinungen‹ wie die Originale. In der ersten Dekade des zwanzigsten Jahrhunderts herrschte große Nachfrage nach intarsierten Möbeln im georgianischen Stil, und dementsprechend viele Kopien gelangten auf den Markt. Diese Stücke sind jedoch häufig zu sehr mit Marketerien überladen; auch haben diese lange nicht die Reinheit und Eleganz der Arbeiten aus dem 18. Jahrhundert. Die Kunsttischler der edwardischen Zeit wiederum wandten sich besonders dem Adam/Hepplewhite-Stil zu.

Zur Beurteilung der Originalität eines antiken Möbels sind einige Faktoren von entscheidender Bedeutung:

Abnutzungserscheinungen

Ein Möbel, das über lange Zeit hinweg in Gebrauch war, wird zweifellos etliche Schrammen und kleine Beschädigungen aufweisen. Die Böden von Fächern und Schubladenkästen sind abgeschliffen; an den Unterseiten von Tisch- und Stuhlbeinen zeigen sich tiefe Kratzer, unter Umständen sind die Kanten etwas abgesplittert. Es wurde sogar schon versucht, diese Alterserscheinungen künstlich nachzumachen. Doch die Fälscher sind manchmal etwas übereifrig und bringen die schadhaften Stellen zu regelmäßig und an den falschen Stellen an. Vorausgesetzt, die Restaurierungskosten wären nicht zu hoch, ist es manchmal ratsamer, ein reparaturbedürftiges Stück zu erwerben als eines, das angeblich ›im alten Stil‹ hergerichtet und in Wirklichkeit nur auf antik umfrisiert wurde.

Patina

Durch konstantes Polieren über eine lange Zeit erhält das Möbel schließlich einen mattschimmernden Glanz, den ein Fälscher nur sehr schwer nachmachen kann. Außerdem ist das Holz fast immer etwas ausgeblichen; an Stellen jedoch, an die keine Sonne gelangt, also zum Beispiel unter den Messingbeschlägen oder an den Oberkanten von Schubfächern, muß es noch die ursprüngliche, dunklere Färbung aufweisen. Dies ist ein schlüssiger Beweis für die Originalität eines Stückes. Stühle dagegen sind zumeist häufig herumgetragem worden. Das kann sich durch dunklere Flecken unter den Lehnen oder den Sitzrahmen abzeichnen. Auch die Seitenwände von Schubladen sind manchmal vom vielen Anfassen und von eindringendem Staub nach vorn zu etwas dunkler.

Beize

Antike Möbel sind fast nie gebeizt; Stücke, bei denen an abgeschliffenen Kanten ein helleres Holz zum Vorschein kommt, sind höchst verdächtig. Auch wenn die Unterseiten eines Möbels dunkler gebeizt sind, ist das ein ziemlich sicheres Anzeichen für eine Kopie, denn so etwas wurde früher nicht gemacht. Zwar wurden in der georgianischen Periode die Stühle oft auf Mahagoni- oder Palisanderton gebeizt; doch haben solche Stücke ihre ursprüngliche Färbung inzwischen fast ganz verloren und statt dessen eine schöne Patina angenommen.

Messingbeschläge

Lassen sich heute leicht beschaffen. Bei vielen viktorianischen Möbeln wurden inzwischen die ursprünglichen Holzknöpfe durch nachgemachte Beschläge und Griffe ersetzt, um ihnen ein ›georgianisches‹ Aussehen zu verleihen. An der Innenseite der vorderen Schubladenwand läßt sich jedoch ganz leicht erkennen, ob die Beschläge einen abgesägten Holzknopf verdecken. Die heute hergestellten Messingbeschläge sind außerdem gewöhnlich so behandelt, daß man sie nicht mehr polieren muß. Die antiken Beschläge dagegen brauchen ständige Pflege, sonst werden sie stumpf und laufen grünlich an.

Verdeckte Holzteile

Oft ist die Rückwand, die Unterseite oder das Innere eines gefälschten Möbels sehr aufschlußreich (Sperrholz!). Offensichtlich frisches Holz sollte man immer mit Mißtrauen betrachten. Es kann sich dabei zwar um eine harmlose Reparatur, genausogut aber auch um eine gröbere Veränderung des Möbels in Ausmaß oder Funktion handeln. Nägel und Schrauben, die sich schon längere Zeit an ihrem Platz befinden, sind meist angerostet, und der Rost hat auch das umgebende Holz verfärbt.

Furniere

Die heute verwendeten Schälfurniere sind sehr dünn; die alten Furniere dagegen wurden mit der Säge geschnitten und sind mindestens 3 mm dick. An einer abgesplitterten Stelle oder an einer Kante zeigt sich, welches Furnier aufgelegt wurde. Ein Korpus aus Hartholz wie Eiche oder Buche weist immer auf ein hohes Alter hin; allerdings wurde auch bei vielen antiken Möbeln ein weiches Kernholz wie Fichte verwendet.

Schnitzereien

Diese sollten tief und nicht ganz regelmäßig sein und sich deutlich von der Grundfläche abheben. Flaches Schnitzwerk kann sehr wohl ein Anzeichen für eine spätere Hinzufügung sein. Manchmal wurden zur Wertsteigerung des Stückes auch Zierleisten und Formstücke aufgesetzt. Moderne, maschinell hergestellte Schnitzereien verraten sich durch ihre Ebenmäßigkeit.

Verbindungsstellen

Bei antiken Möbeln wurden alle Verbindungen von Hand gemacht; infolgedessen weisen die Nahtstellen immer irgendwelche Unregelmäßigkeiten auf. Die Zinken einer Schwalbenschwanzverbindung sind gewöhnlich sehr schmal; manchmal findet sich auch noch eine Markierung an der Seitenwand der Schublade, um das Ende der Zinken zu kennzeichnen. Bei maschinell hergestellten Schwalbenschwanzverbindungen sind die Zinken breiter, ganz regelmäßig, und genauso groß wie die eingreifenden Gegenstücke.

Anhang

I. Literaturhinweise

Allgemeines

Das umfassendste Standardwerk über englische Möbel bis 1830 ist das ›Dictionary of English Furniture‹ (London 1954) von P. Macqoid und R. Edwards. Dieses dreibändige Werk wurde 1964 in verkürzter, aber immer noch sehr verständlicher Form unter dem Titel ›Shorter Dictionary of English Furniture‹ neu aufgelegt. Herausgeber ist R. Edwards. Beide Werke sind relativ teuer; sie liegen jedoch in den meisten großen Bibliotheken zur Einsichtnahme aus. Am unteren Ende der Preisskala findet sich Ralph Fasnedge's ›English Furniture Styles‹ 1500–1830 (1955). In diesem Taschenbuch des Penguin Verlages werden die wechselnden Möbelstilarten anschaulich mit der Sozialgeschichte in Verbindung gebracht. Einen Stilvergleich zwischen den englischen und anderen europäischen und nordamerikanischen Möbeln stellt Helena Hayward in ihrem Band ›World Furniture‹ (London 1965) an.

A) Englischsprachige Literatur

Einzelne Stilperioden in England
Vor 1660
S. W. Wolsey & R. W. P. Luff, ›Furniture in England – The Age of the Joiner‹, London 1968

Die Georgianische Periode
R. Edwards & M. Jordain, Georgian Cabinet Makers, 2. Auflage, London 1955
A. Coleridge, Chippendale Furniture, London 1966
E. T. Joy, Chippendale, London 1971
R. Fastnedge, Sheraton Furniture, London 1962
C. Musgrave, Adam, Hepplewhite and Other Neo-Classical Furniture, London 1966
C. Musgrave, Regency Furniture, London 1965
M. Jourdain, Regency Furniture, Überarbeitete Neuauflage, London 1965

Das Viktorianische Zeitalter
Elizabeth Aslin, 19th-Century English Furniture, London 1962
R. W. Symonds & B. Whineray, Victorian Furniture, London 1962

Zu einzelnen Möbelgattungen
E. T. Joy, The Country Life Book of Chairs, London 1967
G. Wills, English Looking Glasses, London 1965
E. Burton, The Long-Case Clock, London 1964

Eine Reihe kleiner Bändchen, die vom Victoria and Albert Museum
herausgegeben wurde, illustriert die Möbel, die sich im Besitz dieses
Museums befinden, mit ausführlicher Beschreibung und einer kurzen
Einführung. Hier nur einige der Titel:
English Chairs, 3. Auflage, 1970
English Desks and Bureaux, 1968
English Cabinets, 1964
Chests of Drawers and Commodes, 1960
Tables, 1968

Zeitschriften
In den Zeitschriften *Apollo, Burlington Magazine* und *Connoisseur* erscheinen von Zeit zu Zeit grundlegende Artikel zur Geschichte der englischen,
kontinentaleuropäischen und amerikanischen Möbel. Die Mitglieder der
englischen Vereinigung ›Furniture History Society‹ erhalten eine Jahreszeit-
schrift, die vom Club herausgegeben wird, der außerdem Vorträge und
Exkursionen organisiert. Nähere Auskunft erteilt das Assistant Secretary,
Department of Woodwork, Victoria and Albert Museum, London SW$_7$
Beliebte Antiquitätenfachzeitschriften, die auch Artikel über Möbel veröf-
fentlichen, sind unter anderem: *Antique Collector* (jeden 2. Monat)
Antique Dealer and Collector's Guide (monatlich)
Antiques (jeden 2. Monat) und *Arts and Antiques Weekly* (wöchentlich)

B) Deutschsprachige Literatur

Ariel Kunstreihe ›Erlesene Liebhabereien‹, David Nickerson, Englische
  Möbel des achtzehnten Jahrhunderts, Stuttgart
Aus der Reihe ›Europäische Möbelkunst‹, Englische Möbel, Gonzales-Pa-
  lacios. 1. Band: 16.–18. Jahrhundert, 2. Band: 19. Jahrhundert,
  München
Holger Lipps, Englische Möbel, München
P. Meister, H. Jedding, Das schöne Möbel, München

Schriften und Musterbücher von Kunsttischlern und Entwerfern

Mathias Lock, A New Drawing Book of Ornaments, 1740
–, New Book of Ornament, 1752
William Kent und Inigo Jones, Some Designs of Mr. Inigo Jones and Mr. Wm. Kent, 1744
Thomas Chippendale, The Gentleman and Cabinet-Maker's Director, 1754
Thomas Johnson, One Hundred and Fifty New Designs, 1758
–, A New Book of Ornament, 1760
William Ince und John Mayhew, The Universal System of Household Furniture, 1762
Robert Manwaring, The Cabinet and Chair Maker's Real Friend and Companion, 1765
–, Chairmaker's Guide, 1766
Robert und James Adam, Works in Architecture, 1773
George Hepplewhite, The Cabinet Maker and Upholsterer's Guide, 1786
Thomas Shearer, The Cabinet Maker's Book of Prices, 1788
Thomas Sheraton, The Cabinet Maker's and Upholsterer's Drawing Book, 1791–94
–, The Cabinet Dictionary, 1803
–, The Cabinet Maker, Upholsterer and General Artist's Encyclopaedia, 1805
Charles H. Tatham, Etchings Representing the best Examples of Ancient Ornamental Architecture, 1799
Thomas Hope, Household Furniture and Interior Decoration, 1807
George Smith, A Collection of Designs for Household Furniture and Interior Design, 1808
–, The Cabinet Maker's and Upholsterer's Guide, 1828
A. W. N. Pugin, Gothic Furniture, 1829
–, Gothic Furniture in the Style of the 15th Century, 1835

II. Erläuterung der wichtigsten Fachausdrücke

Akanthus: Beliebtes antikes Ornament, in Form eines stilisierten Akanthusblattes. Es findet sich besonders häufig als Schnitzmotiv an Möbeln aus dem 18. und dem 19. Jahrhundert, gelegentlich auch an älteren Stücken. Ihren Ursprung hatte diese Dekorationsform in der klassischen, antiken Architektur, z. B. in den Kapitellen korinthischer Säulen. (Abb. 22, 23, 70)

Anthemion: Eine stilisierte Ornamentreihe aus Palmetten und Lotosblüten aus der griechischen Baukunst und Malerei. In der Adam-Periode wurde dieser Dekor oft verwendet, als Marketerie, als gemalte Dekoration und in Form von Metallbeschlägen. (Abb. 88)

Arabeske: Verschlungenes Muster von ineinander verflochtenen stilisierten Blattranken, ebenfalls ein Motiv aus der antiken, nämlich hellenistisch-römischen Kunst. Geschnitzte Dekorationen dieser Art waren im späten 16. und im frühen 17. Jahrhundert beliebt (Abb. 126); Marketerien in Form von Arabesken finden sich auf Kabinettschränken und Uhrgehäusen aus der Zeit zwischen 1690 und 1720.

Astragal: 1. Perlstab. 2. halbrunde Zierleiste, welche die einzelnen Glasscheiben von Vitrinen oder verglasten Bücherschränken voneinander trennt. (Abb. 129, 130, 131, 136, 137)

Bachelor Chest: Sogenannte Junggesellenkommode. Einfache Schubladenkommode mit aufklappbarer Deckplatte.

Ball-und-Klauenfuß: Eine geschnitzte Fußform, die im frühen 18. Jahrhundert häufig bei Stuhl- und Tischbeinen angewendet wurde. Sie stellt eine Tierklaue dar, die eine Kugel umfängt. (Abb. 70, 72)

Baluster: Ein unterschiedlich ausgeformtes, untersetztes, gedrechseltes Säulchen, das als Tisch- und Stuhlbein Verwendung findet oder als Träger

. Besonders häufig bei Eichenmöbeln aus dem 16. und
)b. 58, 59)

...rationsmotiv aus lebhaft geschwungenen Bändern, oft in
...Blatt- und Rankenmustern. Dieser Dekor flämischen und
...rungs ist typisch für englische Möbel des späten 16. und
...rhunderts. (Abb. 122)

...e: Schmale Streifen aus kontrastierendem Holz, Metall oder
...Materialien (während des Regency besonders Messing) in einem
... als Umrahmung oder Betonung. (Abb. 89, 91)

Barock: Dieser Begriff kennzeichnet den vorherrschenden Architektur-
und Dekorationsstil im ausgehenden 17. und den ersten Dekaden des 18.
Jahrhunderts. Diese Stilrichtung, die vor allem in Italien, Frankreich und
Österreich in hoher Blüte stand, hat das Inselreich vom europäischen Kontinent übernommen. Der Barockstil erzielt seine dramatischen Effekte
durch die schwellende Bewegung von ineinander übergehenden Linien und
Formen und dem geschickten Einsatz von Licht und Schatten. (Abb. 66, 67)

Bekrönung: Geschnitzter Dekor am oberen Querbrett von Stuhllehnen im
späten 16. und frühen 17. Jahrhundert. Auch manche Spiegelrahmen und
Kabinettschränckchen aus dem späten 17. Jahrhundert zierte eine Bekrönung. (Abb. 5, 161)

Berliner Stickerei: Bestickter Stoff, der in der frühviktorianischen Zeit
häufig zum Überziehen von Polstermöbeln und zum Bespannen von
Ofenschirmen verwendet wurde. Die ersten Stickereien und Muster
stammten aus Deutschland; ab 1831 wurden sie in beträchtlichen Mengen
von einem Mr. Wilks in der Londoner Regent Street importiert. 1840 waren
nicht weniger als 14000 verschiedene Muster eingeführt oder in England
selbst hergestellt worden. Am üblichsten waren florale Dessins oder Vögel
(gewöhnlich Papageien), aber auch historische, religiöse und romantische
Szenen waren als Motive beliebt. (Abb. 52, 53)

Blendarkaden: Auf eine ebene Stein- oder Holzfläche aufgesetzte, architektonische Zierform in der Gestalt von Bögen.

Blendmaßwerk: Auf eine ebene Stein- oder Holzfläche aufgesetzte,
architektonische Zierform in der Gestalt gotischen *Maßwerks*.

Bureau: Französischer Ausdruck, der ins Englische übernommen wurde. Er bezeichnet einen Klappsekretär.

Bureau Bookcase: Schreibsekretär mit aufgesetztem Bücherschrank.

Cabochon: 1. Edelsteinschliff. 2. Rundes, nach oben gewölbtes Ornament, das durch Schnitzereien eingerahmt wird. Besonders an den Knien von Stühlen aus der frühen georgianischen Zeit.

Cabriole Leg: Das geschwungene Bein an Tischen, Stühlen und Gestellen, besonders in der frühen georgianischen Zeit. Das S-förmige Bein endet meist in einem Huf-, einem Krallen-, einem Ball-und-Klauenfuß oder in einer Volute. In der frühviktorianischen Periode griff man diese Beinform wieder auf, hier endet der Fuß gewöhnlich in einer Volute. (Abb. 18, 19, 20, 22, 23, 25, 26, 33, 34, 49, 50, 51, 70, 71, 72)

Canterbury: Niedriges Gestell, das neben dem Klavier stand und zum Aufbewahren von Notenbüchern diente. Heute wird dieses Möbel meist als Zeitungs- und Zeitschriftenständer verwendet.

Chimäre (Schimäre): Geflügeltes Ungeheuer der griechischen Mythologie, das von Bellerophon erschlagen wurde. Chimären in Form einer Maske oder in stilisierter Tiergestalt finden sich als geschnitztes Stilelement bei Regency-Möbeln.

Chinese Chippendale: Beliebte Stilrichtung in der Mitte des 18. Jahrhunderts, bei dem pseudo-ostasiatische Formen und Motive verwendet werden. In Chippendales ›Director‹ sind zwar etliche Möbelentwürfe dieser Art enthalten; er war jedoch nicht der einzige Vertreter dieser Kunstgattung, auch hat Chippendale diesen Stil nicht kreiert. (Abb. 30, 130, 164)

Davenport: Neuer Schreibtischtyp der Regencyzeit. Er besteht aus einem Schubladenkasten mit schräger Deckplatte, die als Schreibunterlage dient. Die Schubladen werden seitlich herausgezogen.

Dump Waiter: Dieser ›stumme Diener‹ ist ein Dreifußtischchen, mit zwei oder drei übereinanderliegenden Platten, die nach oben zu kleiner werden.

Escritoire: Ein Schreibschrank mit herunterklappbarer Frontklappe, gewöhnlich aus dem späten 17. Jahrhundert. In zeitgenössischen Inventarverzeichnissen ist dieses Möbel auch als ›Scriptor‹ aufgeführt.

Faltwerk: Senkrecht angelegter, geschnitzter Dekor als Flächenfüllung an Möbeln, wirkt wie in Falten gelegter Stoff (Abb. 3). Das Muster wurde wahrscheinlich in Flandern entwickelt und war im frühen 16. Jahrhundert beliebt.

Fries: In der Architektur ein Schmuckband oder ein streifenartiges Feld zum Abschluß, zur Gliederung oder als Verzierung einer Fläche, oft unterhalb eines Gesimses. Im Möbelbau oft mit geschnitzten oder gemalten Ornamenten oder Marketerien dekoriert.

Furnier: Dünn, geschältes Holzblatt, das meist längs vom Baumstamm geschnitten wird. Furniere, die mit der Säge geschnitten sind, sind mindestens 3 mm dick, die modernen Schälfurniere von edlen Hölzern sind sehr viel dünner. Furnier, das quer zur Maserung geschnitten wurde, bei dem sich also die gleiche Zeichnung mehrmals wiederholt, und das sich daher gut für Marketeriearbeiten eignet, nennt man Hirnholzfurnier (engl.: Oysterveneer).

Gateleg-Tisch: ›Torbein‹-Tisch, eine seit dem 17. Jahrhundert beliebte Tischform. Er besteht aus einem festen Mittelteil und zwei herunterklappbaren Seitenteilen. In aufgeklapptem Zustand ruhen die Seitenklappen auf herausschwenkbaren Beinkonstruktionen.

Gesims: (Sims, Kranzgesims) Ein waagrechtes, einfaches oder profiliertes, hervorspringendes Bauelement, das den Abschluß von Mauern, bzw. im Möbelbau von Kastenmöbeln oder Baldachinen bildet. (Abb. 108, 109, 121, 123, 127, 131, 135)

Gesso: Weißliches Gipsharzgemisch für in Relief aufgelegte Dekoration oder als Unterlage für eine Vergoldung.

Giebel: Zierform zum oberen Abschluß von Gesimsen an Kastenmöbeln besonders im 18. Jahrhundert. Nach dem Vorbild der klassischen Architektur findet sich, vor allem in der späten georgianischen Periode, der in der Mitte unterbrochene sogenannte gesprengte Giebel. Eine Sonderform stellt der von Chippendale entworfene Schwanenhalsgiebel (Swan Neck Pediment) dar. (Abb. 129, 136)

Girandole: Mit einem Spiegel kombinierter Wandleuchter, besonders beliebt in der Mitte des 18. Jahrhunderts. (Abb. 167)

Girlande: (Feston) Gehänge aus Früchten, Blumen, Blättern oder anderen natürlichen Formen. Als geschnitzter Dekor vor allem an Tischen des frühen 18. Jahrhunderts (Abb. 66, 67). In der Adam-Periode werden die Girlanden meist gemalt oder aus Marketerien gestaltet. (Abb. 138)

Intarsien (Inlay): Einlegearbeit aus Holz, Metall, Bein oder Elfenbein in das massive Kernholz. Diese Dekorationsform war besonders vor 1660 beliebt. Nicht zu verwechseln mit Marketerie. (Abb. 5, 101, 122)

Kanneluren (Riefen): Senkrechte, rinnenförmige Auskehlungen als Dekoration an ebenen oder abgeschrägten Flächen. (Abb. 109, 110)

Karnies: S-förmige Rinn- oder Glockenleiste, entweder oben konkav oder unten konvex oder umgekehrt (steigender, bzw. fallender Karnies.) Der Karnies wird als Bestandteil eines Gesimses oder als Umrahmung eines Paneels verwendet. Besonders beliebt bei viktorianischen Möbeln. (Abb. 149)

Kartusche: Ornamentwerk, oft als Zentralmotiv einer Bekrönung, bei der ein reichgeschmückter Rahmen eine medaillon- oder schildförmige Fläche umschließt. (Abb. 155)

Karyatide: Eine weibliche Statue aus der klassischen Baukunst. Sie dient als Ornament oder, anstelle einer Säule, als Träger oder Stütze, besonders bei Möbeln des späten 16. Jahrhunderts. (Abb. 122)

Kissenfuß: Elliptisch gewölbte Fußform, die besonders bei Kastenmöbeln im späten 17. Jahrhundert und in der frühen viktorianischen Zeit angewendet wurde. (Abb. 105, 134)

Konsoltisch: Ein dekoratives Tischchen, das vorn auf Beinen oft auch auf einer geschnitzten Figur steht – z. B. dem Körper eines Adlers – und vielfach an der Rückseite direkt an der Wand befestigt wird. (Abb. 71, 73, 74, 76, 77)

Klassizismus: Stilart, die sich auf alle Formen der schönen Künste und des Kunsthandwerks auswirkte und etwa von 1770 bis 1830 die Kunst bestimmte. Sie war entstanden aus der Suche nach der Wiedergewinnung der Harmonie, wie sie die klassische Kunst, insbesondere die Architektur aufwies. Die Entwicklung dieses Stils wurde begünstigt einerseits durch die Ausgrabungen von Herkulaneum (ab 1738) und von Pompeji (zehn Jahre später), andererseits durch neue Erkenntnisse des Formenreichtums und des Einflusses griechischer Kunst und Architektur im Lauf der Geschichte.

Robert Adam war von überragender Bedeutung bei der Verbreitung des Stils in England und zwar in der Architektur ebenso wie in der Möbelkunst.

Kneehole Desk: Schreibtisch mit einer Öffnung in Kniehöhe. Im zurückgesetzten Mittelteil befindet sich ein Schrankfach.

Knie: Der vorspringende, ausgewölbte Teil eines geschwungenen Tisch- oder Stuhlbeins wurde im frühen 18. (Abb. 20, 22, 23, 26, 70, 72) und im frühen 19. Jahrhundert (Abb. 96, 140) oft reich durch Schnitzereien verziert.

Lack: Überzugmaterial, das nach dem Auftragen hart wird und stark glänzt. In China und Japan wurden lackierte Schmuckplatten in beträchlichen Mengen hergestellt und ab dem späten 17. Jahrhundert nach Europa exportiert. Wegen der steigenden Nachfrage imitierte man solche Lackarbeiten auch bald in Europa selbst. In England nannte man sie *Japanned* – ›auf japanische Art lackiert‹. (Abb. 65, 68, 128)

Lünette: Ein halbkreisförmiges, fächerartiges Motiv. Aneinandergereiht ergibt sich ein dekoratives Bandornament. Es findet sich als geschnitzte Schmuckborte an Möbeln aus dem späten 16. und dem frühen 17. Jahrhundert (Abb. 59), im späten 18. Jahrhundert auch in gemalter Form oder als Marketerie.

Marketerie: Ornamentale Einlegearbeit aus verschiedenfarbigen, manchmal auch gebeizten Hölzern, Elfenbein und Metall, die jedoch nicht wie die Intarsien in das massive Holz eingelassen, sondern als Furnier aufgeleimt wird. (Abb. 105, 116, 133, 138, 178)

Maßwerk: Ein abstrakt geometrisches Ornament der Gotik, dessen ursprüngliche Aufgabe es war, den Bogenzwickel eines Fensters aufzufüllen. Später entwickelten sich daraus verschiedene Formen: das *Blendmaßwerk* zur Auflockerung glatter Flächen oder das durchbrochene Maßwerk zur Gliederung freier Felder.

Mittelbrett: Vertikales Bauelement von Stuhllehnen, das den Sitz mit dem oberen Querbrett verbindet. (Abb. 18, 19, 20, 22, 26)

Ormoulu: Feuervergoldete Bronze. Aus diesem Material stellte man viele der Beschläge zur Dekoration von Möbeln, Uhrgehäusen, Porzellan usw. her. Vor 1760 wurde das Ormoulu importiert, und zwar hauptsächlich aus Frankreich; nach 1765 wurde es in Birmingham von Mathew Boulton und

Diederick Nicholaus Anderson hergestellt. Das Kernmetall wurde mit einem Amalgam aus Gold und Quecksilber überzogen und dann gebrannt. Die dabei freiwerdenden Quecksilberdämpfe waren sehr gefährlich für die Arbeiter. (Abb 116)

Papiermaché: Ein hartes, widerstandfähiges Material aus mehreren Lagen von Papier oder aus Papierbrei, der in eine Form gepreßt und getrocknet wurde. Anschließend wurden die Formstücke lackiert oder bemalt, manchmal auch mit Perlmutt eingelegt. Hauptsächlich kleine, dekorative Stücke, aber auch leichte Stühle und Tischchen wurden aus diesem Material hergestellt. Seine Hochblüte erlebte dieses Material in der ersten Hälfte der viktorianischen Zeit, Hauptproduzenten waren Jennens & Bettridge.

Partner's Desk: Auch als Pedestal's Desk bezeichnet für zwei Personen, die sich gegenübersitzen. Dieser typisch englische Schreibtisch besteht aus zwei Schubladenkästen und einer lose aufgelegten Schreibplatte.

Patina: Das Aussehen, das die Oberfläche eines Gegenstandes nach einer längeren Zeit annimmt, auf Kupfer beispielsweise entsteht durch Qxydation Grünspan. Altes Holz dagegen bleicht etwas aus und erhält durch ständiges Polieren einen mattschimmernden, unnachahmlichen Glanz.

Pembroke-Tischchen: Klapptisch, zumeist von geringer Größe mit halbrunden Seitenklappen. Die Stützen für die Seitenteile werden aus der Zarge herausgeschwenkt.

Rahmen-und-Füllwandkonstruktion: Die übliche Konstruktionsart im Möbelbau bis zur Mitte des 17. Jahrhunderts, in ländlichen Gegenden sogar bis zum frühen 18. Jahrhundert. In einem Rahmen, der durch Zapfenverbindungen zusammengehalten wurde, fügte man an den Kanten abgeschrägte Füllbretter ein. (Skizzen 1, 3)

Randintarsie: Eine Umrahmung der Kanten von Tischplatten und Vorderfronten von Kastenmöbeln aus gleich- oder andersartigem Furnier zwecks Betonung der Konturen (Abb. 97, 107, 108, 117)

Riefen: siehe Kanneluren

Rokoko: Ein sich vor allem im Ornament und in der Innenarchitektur auswirkender Stil, der sich in Frankreich um 1725 als Reaktion gegen den schweren, pompösen Barock entwickelte, der am Hofe von Louis XIV. beliebt war. Um 1740 wurde der Stil auch in England eingeführt. Seine

Kennzeichen sind üppige Rocaillen (C- und S-förmige Schnörkel) und die phantasievolle Auflösung naturalistischer Formen. Seinen deutlichsten Ausdruck erfährt das Rokoko in den Schnitzereien, beispielsweise von Spiegelrahmen (Abb. 164, 167). Auch Möbel aus der Chippendale-Zeit zeigen häufig Rokoko-Einflüsse (Abb. 28, 80).

Rollwerk: Ornament der Spätrenaissance. Es entwickelte sich parallel zu der Kartusche und besteht aus den aufgebogenen, gerollten und aufgelösten Rändern von Schildformen und Spruchbändern.

Rosettenband: Ein Schmuckmotiv aus der klassischen Architektur. Dieses Muster besteht aus andeinandergereihten Rosetten, die durch ein verschlungenes Band eingefaßt sind. Das Motiv findet sich häufig als geschnitzte Dekoration an Möbeln. (Abb. 121)

Säbelbeine: Stuhlbeinform des Regency. Die Beine sind in Säbelform leicht ausgeschweift und griechischen Vorbildern nachempfunden. (Abb. 42, 43, 46, 47)

Scagliola: Kunststein aus Marmorsplittern, Alabaster und Gips als billiger Marmorersatz. Mit diesem Material konnte man auch komplizierte Muster und Bilder zusammensetzen. Bereits im späten 17. Jahrhundert tauchten die ersten Tischplatten aus Scagliola auf; im 18. Jahrhundert kamen sie sehr in Mode. Sie wurden zunächst aus Italien importiert; in der zweiten Hälfte des 18. Jahrhunderts dann auch in England selbst hergestellt. (Abb. 63, 64)

Schulterbrett: Das breite, oberste Querbrett an der Rückenlehne von Regency-Stühlen. Diese Form ist dem antiken *Klismos* nachempfunden, wie er auf griechischen Vasen abgebildet ist. (Abb. 43, 45, 47)

Sekretär: Das englische Wort *Secretaire* bezeichnet verschiedene Arten von Schreibmöbeln. Da ist zunächst einmal das auf einem dazugehörigen Untergestell stehende Schreibpult mit schräger Frontklappe, das um 1700 beliebt war (Abb. 143). Etwa um die gleiche Zeit entwickelte sich das Möbel, was allgemein unter dem Begriff Sekretär verstanden wird: ein Möbel mit Schreibaufsatz, mit schräger Frontklappe und mit mehreren Schubladen im Untergeschoß (Abb. 144). Die englische Bezeichnung *Secretaire* wird außerdem auf ein bestimmtes Kastenmöbel aus dem späten 18. und dem 19. Jahrhundert angewendet. Hier läßt sich die Vorderseite der obersten Schublade als Schreibunterlage herunterklappen. Dahinter verbergen sich Schübe und Fächer für das Schreibmaterial. Diese Möbel sind oft mit einem Bücheraufsatz kombiniert; sog. *Secretaire Bookcases*.

Settee: Sofaartiges Sitzmöbel, das seine Form der Vereinigung zweier Armstühle verdankt. Während die Rückenlehne unverändert beibehalten wurde, ist auf die mittlere Armlehne verzichtet worden.

Sideboard: Kredenz oder Anrichte, ein Möbel für das Eßzimmer. Es stand neben dem Eßtisch an der Wand und diente zum Abstellen von Tellern und Schüsseln. In seinen Schubladen und Fächern bewahrte man Tischwäsche und Tafelsilber auf.

Spandrille: Bogenzwickel. Dreiseitig begrenztes Flächenstück, das zwischen einem Bogen und seiner rechteckigen Umrahmung entsteht.

Spatenfuß: Eine Fußform in der Gestalt eines nach unten konisch zulaufenden Würfels, besonders an Stuhl- und Tischbeinen von Möbeln aus der Hepplewhite-Periode zu finden. (Abb. 39, 138, 151)

Steg: Horizontales Bauelement, das Tisch- oder Stuhlbeine miteinander verbindet, um dem Möbel größere Stabilität zu verleihen. (Abb. 11, 16, 17, 21)

Tall Boy: Zweiteilige Aufsatzkommode, die in der Regel sehr massiv wirkt. Auch Chest-on-Chest (Truhe-auf-der-Truhe) genannt.

Trommeltisch (Drum-Table): In die meist drehbar gelagerte, trommelförmige Tischplatte sind Schubladen eingelassen. Dieser Tisch wird auch Bibliothekstisch (Library Table) genannt, da er hauptsächlich für Büchereien und Lesezimmer verwendet wurde.

Volute: Schneckenförmiges Stilelement der klassischen Baukunst.

Wellenband: Klassisches Randornament aus aneinandergereihten, stilisierten Wellenmotiven wurde im Möbelbau des 18. Jahrhunderts wieder aufgenommen. (Abb. 73, 155)

Zahnschnitt, Zahnfries: Eine geometrische Zierleiste an Gesimsen von größeren Kastenmöbeln aus der georgianischen Zeit, bei der zahnartige Vorsprünge aneinandergereiht sind. (Abb. 123, 129)

Zarge: Verbindungsstück zwischen den horizontalen (Tischplatte, Sitzfläche eines Stuhls) und den vertikalen (Beine, Stützen) Bauelementen eines Möbels als rahmenartige Einfassung. Auch als erhöhter Rand einer Tafel.

III. Stuhlbeinformen
1600 – 1870

Verschiedene Formen von gedrechselten
Balusterbeinen –
zweite Hälfte des 17. Jahrhunderts

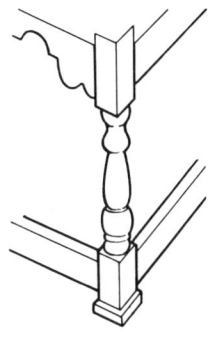

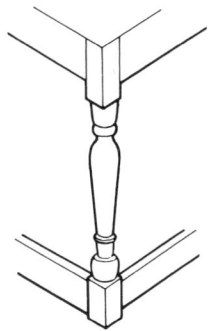

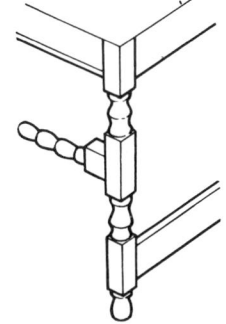

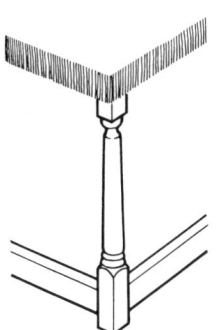

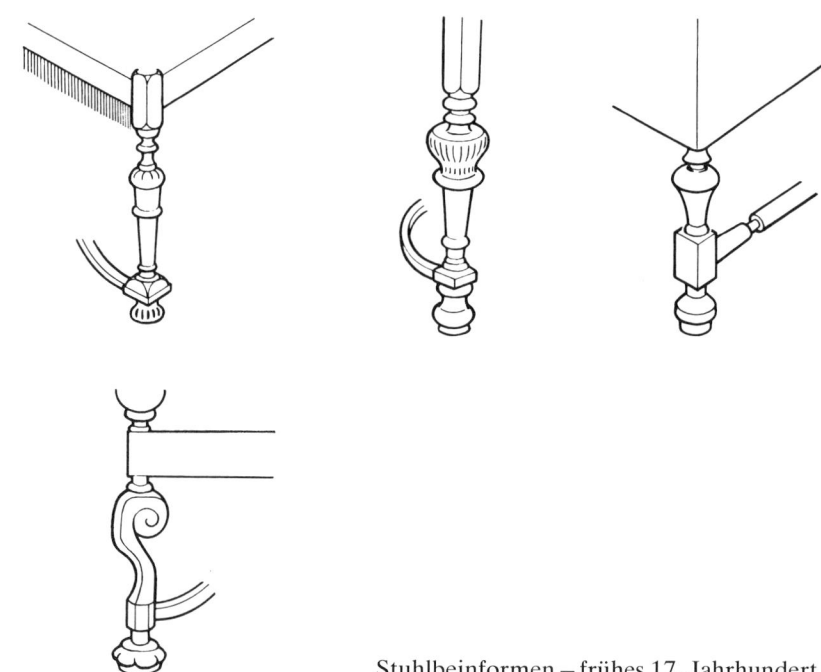

Stuhlbeinformen – frühes 17. Jahrhundert

Verschiedene geschwungene Stuhlbeine, sog. *Cabriole Legs* – erste Hälfte des 18. Jahrhunderts

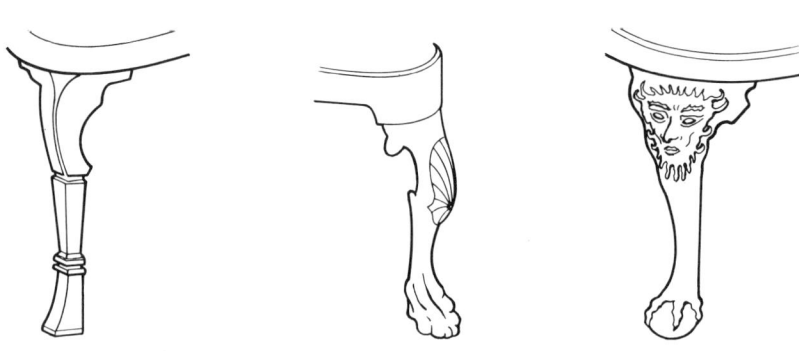

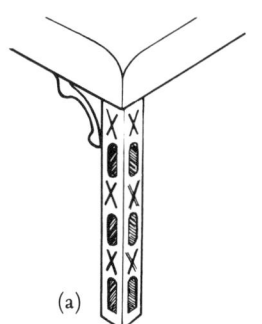
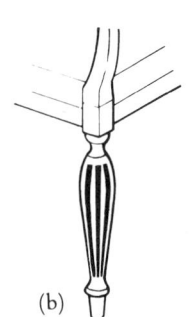
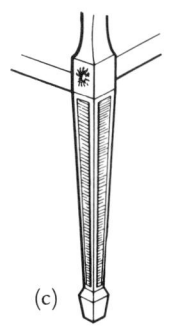
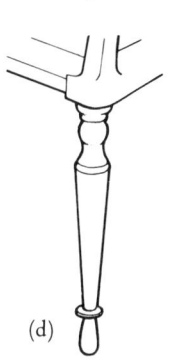

(a)   (b)   (c)   (d)

Stuhlbeinformen – spätes 18. Jahrhundert   a) ›Chinese Chippendale‹
                                         b), c) und d) Adam/Hepplewhite-Stil

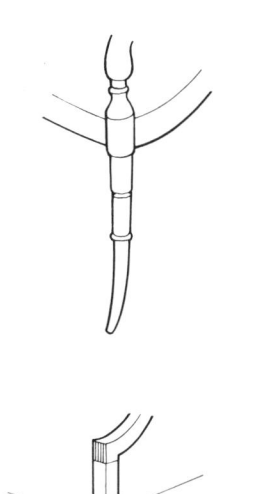
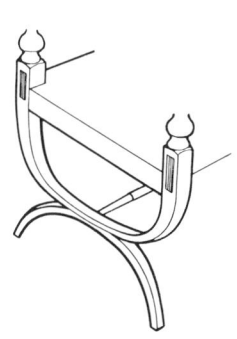

Stuhlbeinformen der Sheraton-
und der Regency-Periode 1795 – 1830

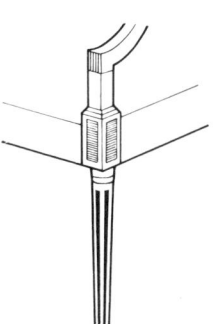
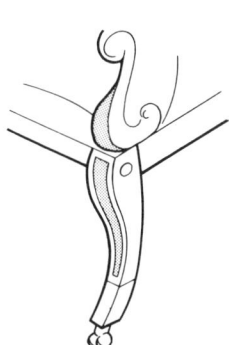

245

Stuhlbeinformen

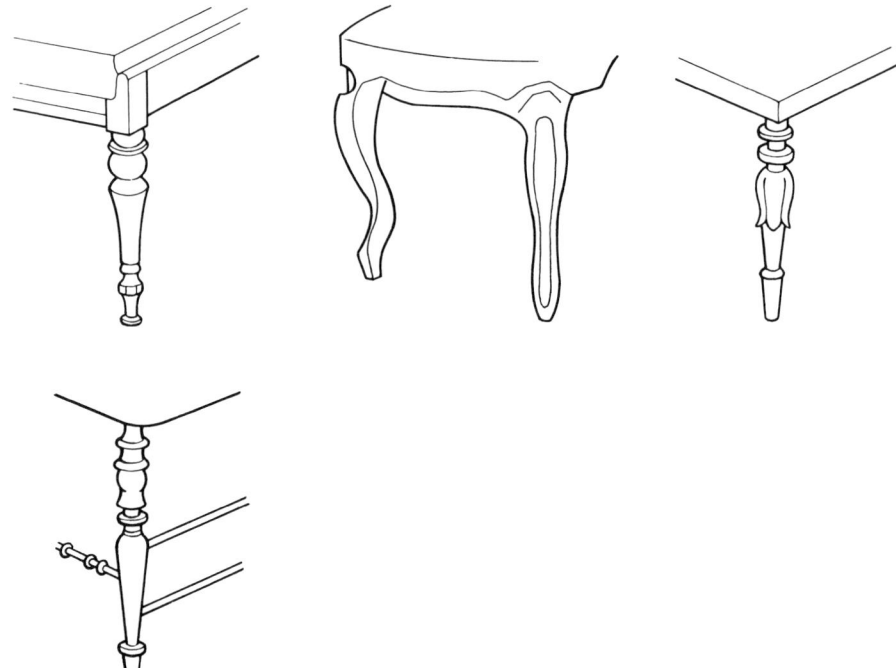

Stuhlbeinformen der viktorianischen Zeit 1830–1870

IV. Stilepochen

Datum	Herrscher	Möbelstil
1485	Henry VII	Early
1509	Henry VIII	Tudor
1547	Edward VI	
1553	Mary	
1558	Elizabeth I	Late Tudor or Elizabethan
1603	James I	Jacobean or
1625	Charles I	Early Stuart
1649	The Commonwealth	Commonwealth
1660	Charles II	Restoration
1685	James II	
1688	William III & Mary II	William & Mary
1702	Anne	Queen Anne
1714	George I	Early Georgian
1727	George II	
1760	George III	Chippendale Adam Hepplewhite Sheraton
1820	George IV	Regency
1830	William IV	William IV*
1837	Victoria	Victorian
1901	Edward VII	

Bedeutende Entwerfer und Kunsttischler	Epochen der Kunst in England

Englische Renaissance

Daniel Marot
Jean Pelletier
Gerreit Jensen

Englischer Barock

William Kent
Thomas Chippendale
Thomas Johnson
John Linnell
John Mayhew & William Ince
Robert Adam
George Hepplewhite
Thomas Shearer
Thomas Sheraton
Thomas Hope
George Smith

Palladianischer Stil

Neo-Klassik

›Greek Revival‹
›Architecture of the
Picturesque‹

A. W. N. Pugin
William Burges
William Morris
L. W. Godwin

›Italianate‹
›Gothic Revival‹

V. Register

Keysers Handbücher für Kunst- und Antiquitätensammler